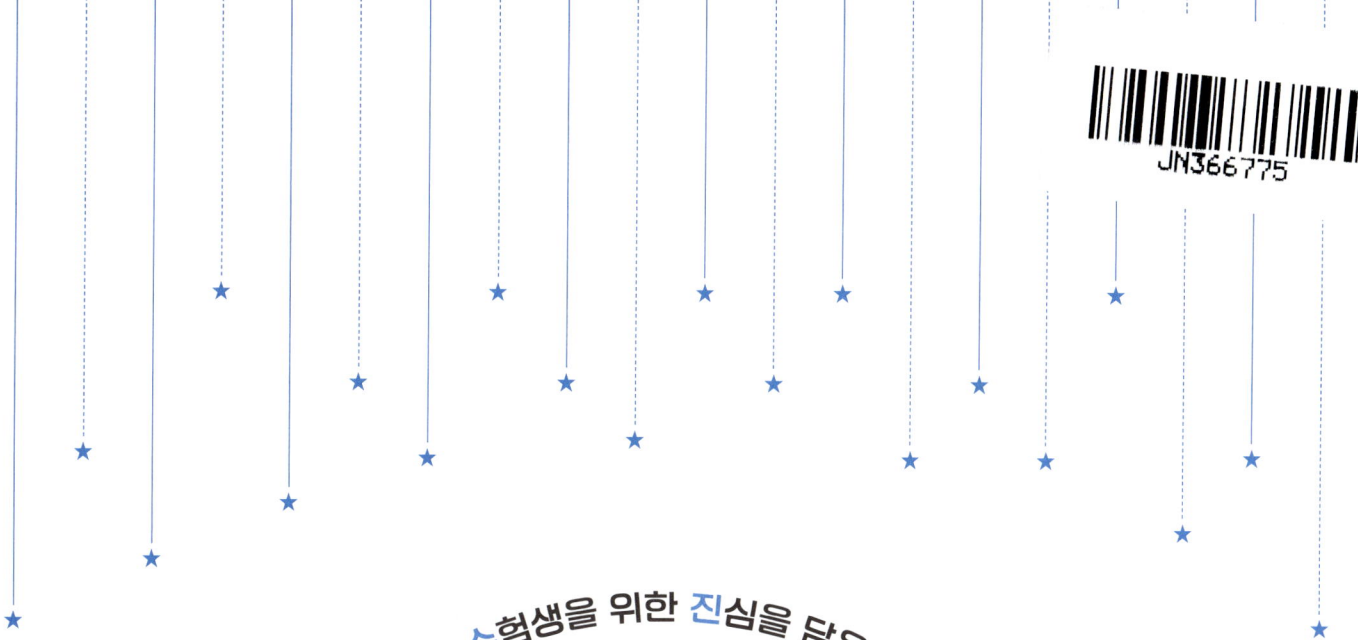

임용 수험생을 위한 진심을 담은 강의

임수진
보건임용

기본이론 복습노트

합격이 보건 임용!

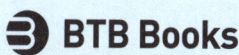

이 책의 구성과 활용법

Step 1

마이-맵을 활용한 학습요점 정리

오늘 공부한 내용의 구성을 정리해 봅시다.

📢 마이-맵을 통해 내용의 단순화와 체계화를 통해 효율적인 학습을 할 수 있어요.

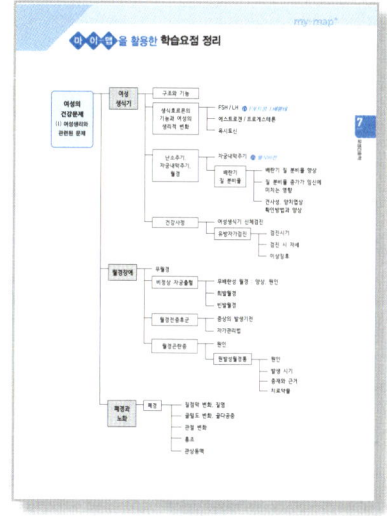

Step 2

개정학습(개념정리학습)

오늘 공부한 키워드를 정리해 봅시다.

📢 괄호 넣기를 통해서 키워드에 집중학습을 할 수 있어요.
또한, 서답형 시험 문제 중 기입형 문항에 대한 대비를 할 수 있어요.
반복학습을 통해 완벽대비를 해보세요.
반복학습을 할 때마다 ✅☐☐☐☐ 표시를 해보세요.

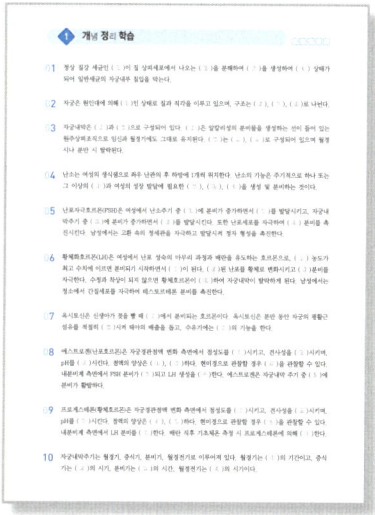

Step 3

개인학습(개념인출학습)

오늘 공부한 중요 내용을 정리해 봅시다.

📢 정의와 요소 등에 관한 인출학습을 통해서 서답형 시험 문제 중 서술형 문항에 대한 대비를 할 수 있어요.
반복학습을 통해 완벽대비를 해보세요.
반복학습을 할 때마다 ✅☐☐☐☐ 표시를 해보세요.

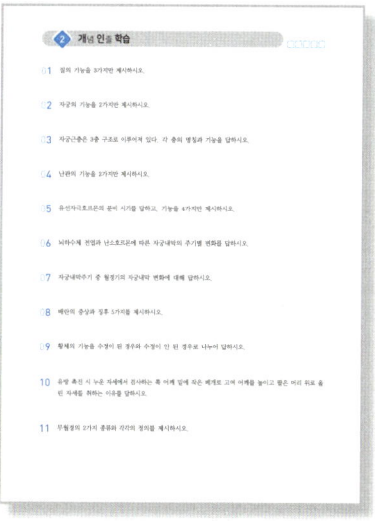

이 책의 차례

 이 책의 구성과 활용법 ·· 3

PART 07 모성간호학

제1장 **여성의 건강문제** ·· 8
　　　　1-1 여성생리와 관련된 문제 ··· 8
　　　　1-2 여성의 통상적 건강문제 ··· 15
　　　　1-3 성접촉성 질환 ·· 20
　　　　1-4 피임 ·· 24

제2장 **여성건강 윤리와 법률** ·· 28

제3장 **임신과 출산** ··· 32
　　　　3-1 임신과 산전관리 ··· 32
　　　　3-2 출산과 산후관리 ··· 43

제4장 **가정폭력** ··· 52

PART 08 정신간호학

제1장 정신건강관리의 기초 ·· 56

제2장 아동기 정신건강간호 ·· 66

제3장 청소년 정신건강간호 ·· 70

임수진
보건임용

PART 07

모성간호학

CHAPTER 01 여성의 건강문제

CHAPTER 02 여성건강 윤리와 법률

CHAPTER 03 임신과 출산

CHAPTER 04 가정폭력

CHAPTER 01 여성의 건강문제

1-1 여성생리와 관련된 문제

영역			기출영역 분석
여성생식기	구조와 기능	질	질 내 되데를라인 막대균(Döderlein bacillus)의 역할 [2024]
		자궁	자궁내막층 [2024]
		난소	가임기 동안 2가지 기능 [2024]
	여성생식 호르몬		FSH / LH / 에스트로겐 / 옥시토신의 기능과 여성의 생리적 변화 [2011, 2013]
			프로게스테론 호르몬 작용 [1993, 1995, 2021]
	난소주기 및 자궁내막주기와 월경		뇌하수체 전엽과 난소호르몬에 따른 자궁내막의 주기별 변화 [2013]
			자궁내막주기 [2019]
			질 분비물 증가가 임신에 미치는 영향 [2013]
			배란기 자궁경부 점액의 정상 양상 [2017] 견사성, 양치엽상 확인방법과 양상 [2020]
	건강사정		여성생식기 신체검진
		유방 자가검진	검진시기 • 월경주기 중 시기 [1995] • 생리하는 여성과 생리를 하지 않는 여성 [2006] • 프로게스테론과 에스트로겐이 가장 감소한 시기 [2011]
			유방 시진 시 취해야 할 자세 [2006]
			정밀검사를 해야 하는 이상 징후 [2011]
월경장애	무월경		
	비정상 자궁출혈		무배란성 월경의 양상과 원인 [2013]
			희발월경/빈발월경의 정의 [2015]
			월경과다 [2021]
	월경전증후군		증상의 원인기전 : 체액축적현상, 정서변화 등 [2016]
			스스로 극복하도록 돕기 위한 교육내용 [2002]
			자가관리를 위한 실천방법 [2013]
	월경곤란증		원인 [1996, 2007, 2012]
			원발성 월경통의 처음 발생 시기 / 치료약물 [2012]
			원발성 월경통 간호중재와 그 원리 [2010]
폐경과 노화	폐경		갱년기 여성의 건강문제와 발생요인 : 질염 / 관절 / 관상동맥 / 골밀도저하 / 홍조 [2010]
			골다공증 : 위험요인, 폐경기 이후 증가원인, 예방대책, 증상 [1998, 2008, 2010, 2013]
			폐경기 여성 질점막 특성 3가지 [2006]

마이-맵을 활용한 학습요점 정리

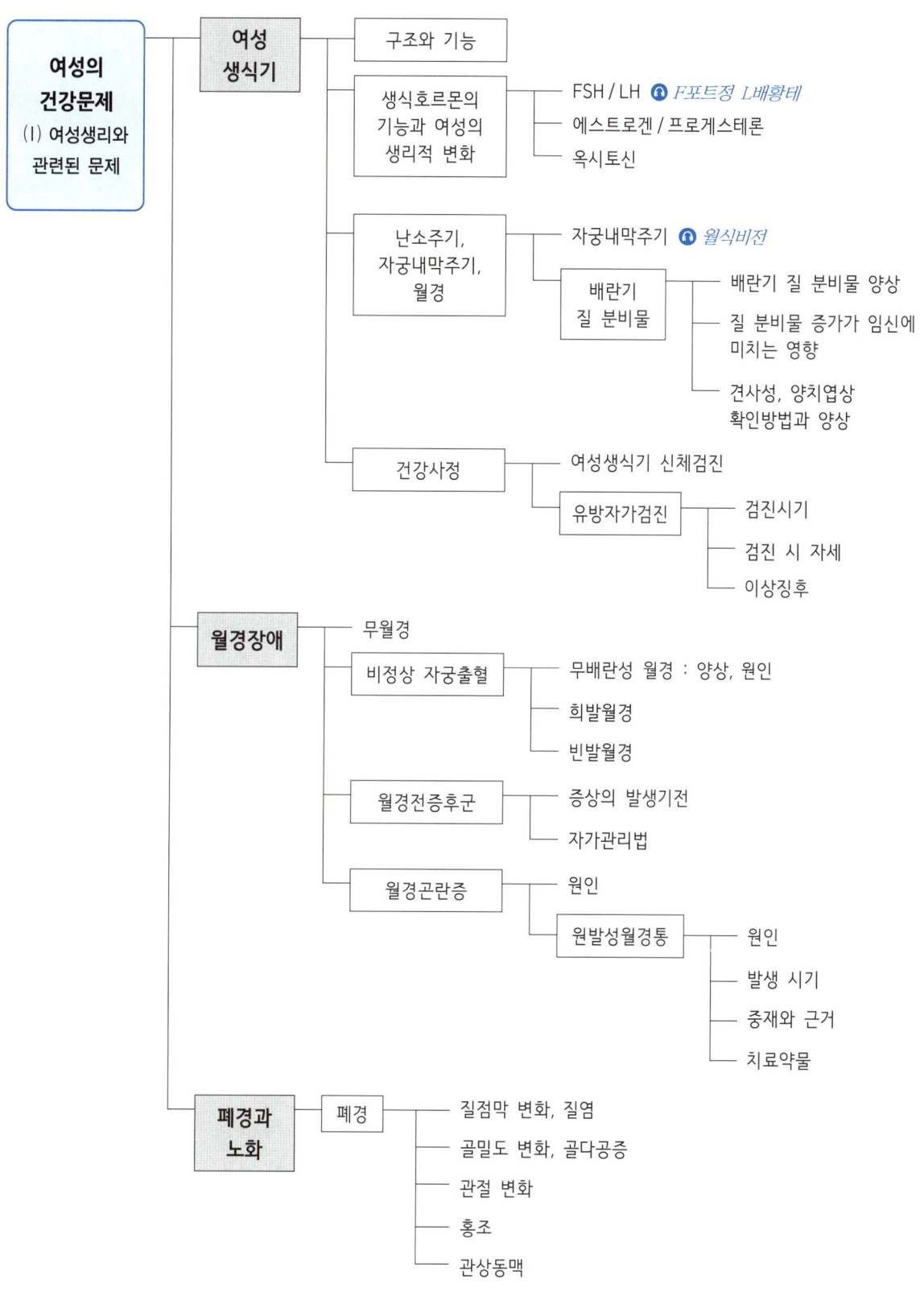

CHAPTER 01. 여성의 건강문제

1 개념 정리 학습

01 정상 질강 세균인 (①)이 질 상피세포에서 나오는 (②)을 분해하여 (③)을 생성하여 (④) 상태가 되어 일반세균의 자궁내부 침입을 막는다.

02 자궁은 원인대에 의해 (①)인 상태로 질과 직각을 이루고 있으며, 구조는 (②), (③), (④)로 나뉜다.

03 자궁내막은 (①)과 (②)으로 구성되어 있다. (①)은 알칼리성의 분비물을 생성하는 선이 들어 있는 원주상피조직으로 임신과 월경기에도 그대로 유지된다. (②)는 (③), (④)로 구성되어 있으며 월경 시나 분만 시 탈락된다.

04 난소는 여성의 생식샘으로 좌우 난관의 후 하방에 1개씩 위치한다. 난소의 기능은 주기적으로 하나 또는 그 이상의 (①)과 여성의 성장 발달에 필요한 (②), (③), (④)을 생성 및 분비하는 것이다.

05 난포자극호르몬(FSH)은 여성에서 난소주기 중 (①)에 분비가 증가하면서 (②)를 발달시키고, 자궁내막주기 중 (③)에 분비가 증가하면서 (②)를 발달시킨다. 또한 난포세포를 자극하여 (④) 분비를 촉진시킨다. 남성에서는 고환 속의 정세관을 자극하고 발달시켜 정자 형성을 촉진한다.

06 황체화호르몬(LH)은 여성에서 난포 성숙의 마무리 과정과 배란을 유도하는 호르몬으로, (①) 농도가 최고 수치에 이르면 분비되기 시작하면서 (②)이 된다. (②)된 난포를 황체로 변화시키고 (③)분비를 자극한다. 수정과 착상이 되지 않으면 황체호르몬이 (④)하여 자궁내막이 탈락하게 된다. 남성에서는 정소에서 간질세포를 자극하여 테스토스테론 분비를 촉진한다.

07 옥시토신은 신생아가 젖을 빨 때 (①)에서 분비되는 호르몬이다. 옥시토신은 분만 동안 자궁의 평활근 섬유를 적절히 (②)시켜 태아의 배출을 돕고, 수유기에는 (③)의 기능을 한다.

08 에스트로겐(난포호르몬)은 자궁경관점액 변화 측면에서 점성도를 (①)시키고, 견사성을 (②)시키며, pH를 (③)시킨다. 점액의 양상은 (④), (⑤)하다. 현미경으로 관찰할 경우 (⑥)을 관찰할 수 있다. 내분비계 측면에서 FSH 분비가 (⑦)되고 LH 생성을 (⑧)한다. 에스트로겐은 자궁내막 주기 중 (⑨)에 분비가 활발하다.

09 프로게스테론(황체호르몬)은 자궁경관점액 변화 측면에서 점성도를 (①)시키고, 견사성을 (②)시키며, pH를 (③)시킨다. 점액의 양상은 (④), (⑤)하다. 현미경으로 관찰할 경우 (⑥)을 관찰할 수 있다. 내분비계 측면에서 LH 분비를 (⑦)한다. 배란 직후 기초체온 측정 시 프로게스테론에 의해 (⑧)한다.

10 자궁내막주기는 월경기, 증식기, 분비기, 월경전기로 이루어져 있다. 월경기는 (①)의 기간이고, 증식기는 (②)의 시기, 분비기는 (③)의 시간, 월경전기는 (④)의 시기이다.

11 유방자가검진은 월경이 규칙적일 때 월경 후 (①)부터 (②)까지[월경주기 중 (③)]의 기간에 실시한다. 임신부나 폐경기에 접어든 여성은 (④)에 실시한다. 폐경기 이후 호르몬 대체요법을 받는 여성의 경우 (⑤)에 실시하고, 경구피임약 복용하는 여성의 경우 (⑥)에 유방자가검진을 실시한다.

12 무월경의 진단은 우선적으로 임신가능성을 확인하기 위해 (①)를 실시한다. 이후 혈중 갑상샘자극호르몬(TSH)과 유즙호르몬(prolactin) 농도를 검사하여 치료여부를 파악하고, 정상일 경우 프로게스테론 부하검사를 실시한다. 프로게스테론 부하검사에서 질출혈이 있으면 (②)으로 진단한다. 프로게스테론 투여 후에도 질출혈이 없는 경우 에스트로겐-프로게스테론 부하검사를 실시한다. 이때 쇠퇴성 출혈이 없다면 자궁 및 월경 유출 경로의 구조적 이상을 고려하고 출혈이 있다면 에스트로겐 자극으로도 정상적인 월경이 이루어진다고 보고 FSH/LH 측정한다. FSH/LH 상승 시 (③), 감소하거나 정상은 (④)로 진단한다.

13 초경이 시작되는 시기에 (①) - (②) - (③) 축의 미성숙으로 희발월경이 야기되는 경우가 많다.

14 월경전증후군은 월경과 관련된 (①)로 일상생활에 지장을 줄 정도의 신체적, 정서적 또는 행동적으로 복합된 증후군이다. 월경전증후군은 (②)에 시작하여 (③)에 소실된다.

15 원발성 월경곤란증의 첫 발생시기는 대개 배란주기에 발생하므로 초경(①)이 지난 후 발생한다. 통증은 (②)에 발생하여 48~72시간 지속되며, (③)와 (④)에 국한되어 둔하게 쑤시는 형태이다.

16 월경곤란증의 대증요법으로 열요법을 적용하여 혈관 (①)을 통해 통증 부위 혈류를 (②)시켜 통증을 감소시킬 수 있다. 복부마사지를 통해 근육(③)시키고, 골반 혈액공급을 (④)시킨다. 또한 2차적 자극으로 통증역치가 (⑤)되어 통증을 감소시킬 수 있다. 골반 흔들기 운동을 통해 혈관이완을 (⑥)시켜 자궁허혈 (⑦)시킴으로써 통증을 감소시킬 수 있다

17 폐경 진단 시 활용되는 호르몬은 (①), (②), (③)이다.

18 폐경 시 자율신경계의 불안정으로 인한 (①)의 장애가 발생할 수 있다. 홍조의 경우 정확한 기전은 알려지지 않았으나 (②) 감소로 모세혈관이 불규칙하게 (③)되고 시상하부 체온조절중추가 자극받아 발생하는 것이다.

19 폐경 시 에스트로겐이 결핍되어 다양한 문제를 유발한다. 심혈관계에서는 HDL-C (①)되고, LDL-C (②)되어 심장의 관상동맥질환, 심혈관성 고혈압 및 동맥경화성 질환 발병률이 상승한다. 비뇨기계에서는 골반 내 혈류량이 (③)되어 골반 내 장기 허혈상태를 초래한다.

01 ① 되데를라인 막대균, ② 글리코겐, ③ 유산, ④ 강한 산성

02 ① 전경 전굴, ② 자궁체부, ③ 자궁경부, ④ 자궁협부

03 ① 재생층(기저층), ② 기능층, ③ 해면층, ④ 조밀층

04 ① 배란, ② 에스트로겐, ③ 프로게스테론, ④ 안드로겐

05 ① 난포기 ② 난포, ③ 증식기, ④ 에스트로겐

06 ① 에스트로겐, ② 배란, ③ 프로게스테론, ④ 감소

07 ① 뇌하수체 후엽, ② 수축, ③ 유즙사출

08 ① 감소, ② 증가, ③ 증가, ④ 양이 많아지고, ⑤ 무색투명, ⑥ 양치엽상, ⑦ 억제, ⑧ 촉진, ⑨ 증식기

09 ① 증가, ② 감소, ③ 감소, ④ 양이 적어지고, ⑤ 불투명, ⑥ 벌집모양(비즈모양), ⑦ 억제, ⑧ 약간 상승

10 ① 월경 제1일에서 5일 사이, ② 월경기가 끝나고 배란되기까지, ③ 배란 후 다음 월경 시작 1~2일 전까지, ④ 월경 제25일에서 28일까지

11 ① 2일, ② 7일, ③ 5~12일, ④ 일정한 날을 정해 매달 그날, ⑤ 약물 복용 마지막 날, ⑥ 약물 복용 시작 전

12 ① hCG 검사, ② 무배란성 무월경, ③ 난소부전, ④ 시상하부/뇌하수체의 문제

13 ① 시상하부, ② 뇌하수체, ③ 난소

14 ① 정서장애, ② 월경 전 약 2~10일, ③ 월경 시작 직전이나 월경 직후

15 ① 6~12개월, ② 월경 시작 몇 시간 전 또는 시작 직후, ③ 치골상부, ④ 하복부

16 ① 확장, ② 증가, ③ 이완, ④ 증가, ⑤ 증가, ⑥ 증가, ⑦ 감소

17 ① FSH, ② LH, ③ 에스트라디올(E_2)

18 ① 혈관수축과 이완, ② 에스트로겐, ③ 확장

19 ① 저하, ② 증가, ③ 감소

2 개념 인출 학습

01 질의 기능을 3가지만 제시하시오.

02 자궁의 기능을 2가지만 제시하시오.

03 자궁근층은 3층 구조로 이루어져 있다. 각 층의 명칭과 기능을 답하시오.

04 난관의 기능을 2가지만 제시하시오.

05 유선자극호르몬의 분비 시기를 답하고, 기능을 4가지만 제시하시오.

06 뇌하수체 전엽과 난소호르몬에 따른 자궁내막의 주기별 변화를 답하시오.

07 자궁내막주기 중 월경기의 자궁내막 변화에 대해 답하시오.

08 배란의 증상과 징후 5가지를 제시하시오.

09 황체의 기능을 수정이 된 경우와 수정이 안 된 경우로 나누어 답하시오.

10 유방 촉진 시 누운 자세에서 검사하는 쪽 어깨 밑에 작은 베개로 고여 어깨를 높이고 팔은 머리 위로 올린 자세를 취하는 이유를 답하시오.

11 무월경의 2가지 종류와 각각의 정의를 제시하시오.

12 비정상 자궁출혈(월경과다, 빈발월경, 희발월경, 과소월경) 각각의 주기, 월경기간, 실혈량에 대해 답하시오.

13 정상월경의 분비물 특성을 답하시오.

14 월경전증후군에서 체중을 매일 측정하는 이유를 답하고, 해당 이유를 줄이기 위해 사용할 수 있는 대증요법을 제시하시오.

15 원발성 월경곤란증의 원인을 제시하시오.

16 속발성 월경곤란증의 정의를 제시하시오.

17 월경곤란증의 호르몬 약물요법 중 선택적 에스트로겐 수용체 작동제와 호르몬 피임제 각각의 기전을 설명하시오.

18 폐경의 정의를 답하시오.

1-2 여성의 통상적 건강문제

영역			기출영역 분석
생식기 감염	질염	칸디다성 질염	모닐리아성 질염 감염 시 그 산모에게 출생한 신생아가 이환될 수 있는 질병 1993, 1996, 2019
			칸디다성 질염의 원인균 2019
		질염의 종류별 증상과 교육내용 2011	트리코모나스 질염
			칸디다성 질염
			세균성 질염
	골반염증성 질환		정의, 원인균, 급성기 중재, 대상자 체위 1995
	독성쇼크 증후군		탐폰 교환하지 않고 장기간 사용 시 발생할 수 있는 독성쇼크 증후군과 이를 예방하기 위한 탐폰사용 시 유의사항 2017
생식기 구조이상	자궁의 위치 이상		
	자궁탈출증		치료 및 관리방법 2022
자궁종양 및 자궁내막질환	자궁내막증 2012		
	자궁내막증식증		
	자궁선근증		
	자궁근종		호발시기, 호발부위, 임신과의 관련성, 증상 1992
			유형과 이차성 변성 2014
			폐경이 자궁근종에 미치는 영향 2021, 월경 관련 증상 2021, 발생위치에 따른 분류 2021
	자궁경부암		국가예방접종사업 : 접종시기, 백신명 2020
			국가암검진사업 : 자궁경부암 검사항목 2023
			호발부위 2023
유방종양	유방암		유방암 사례 2011, 2013, 호발부위와 그 이유 2023
			국가암검진사업 : 유방암 검사항목 2023
			타목시펜 약리기전 2023
난소종양	유피낭종 2018		발생기전, 진단검사
	다낭성 난소낭종 2005		초음파 검사 결과(난소의 변화와 난포의 변화), 다모증 발생이유, 메트포르민(metformin) 복용 목적
불임(난임)	난임		정의 2017
			진단검사 : 자궁난관조영술 중 어깨통증 발생기전 2017
생식기계 수술 및 간호	인공임신중절술		신체회복과 생식기 2차 감염예방을 위해 제공해야 할 교육내용 2006
	여성 생식기 수술		난소설상(쐐기)절제술의 기대효과 2018

마이-맵을 활용한 학습요점 정리

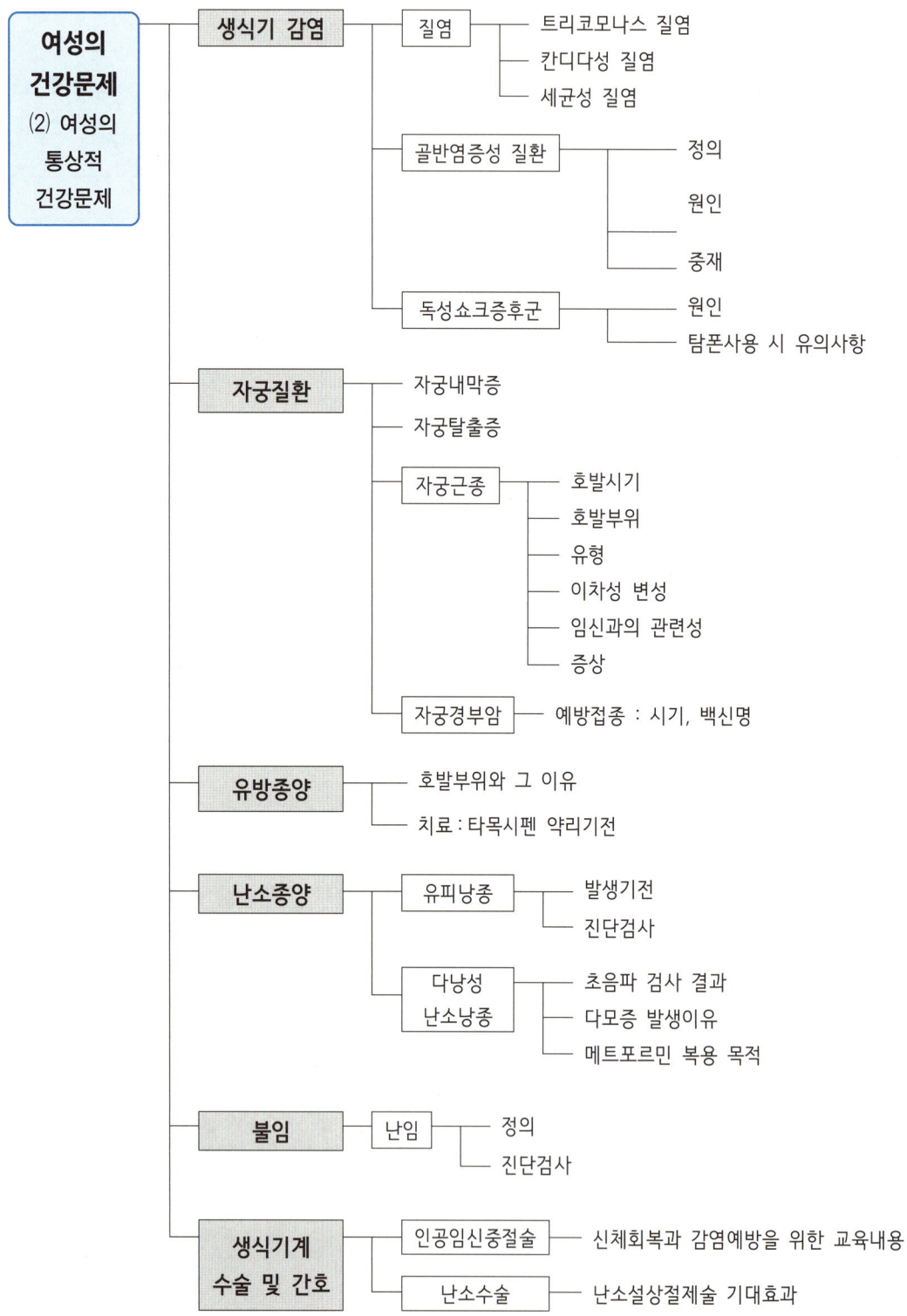

PART 07. 모성간호학

1 개념 정리 학습

01 트리코모나스 질염의 증상은 (①) 질 분비물이다. 진단 시 시진을 통해 (②)와 질벽 및 자궁경부 (③)을 확인할 수 있다. 치료를 할 때에는 (④)도 함께 치료받아야 한다.

02 칸디다성 질염의 원인균은 (①)가 가장 흔하다. 칸디다성 질염의 증상은 (②) 질 분비물과 자궁경부와 질벽에 (③)이 생기는 것이다. 재발된 경우 (④)도 함께 치료한다. 칸디다성 질염을 가진 산모가 질식분만을 하게 되면 신생아에게 전파되어 (⑤)이 발생할 수 있다.

03 세균성 질염은 질내 정상 세균총의 균형이 깨졌을 경우 발생한다. 증상은 (①) 질 분비물을 관찰할 수 있고, (②) 같은 악취가 난다. 진단 시 현미경을 통해 (③)을 확인할 수 있다. 임부는 (④) 우려가 있으므로 조속히 치료받아야 한다.

04 골반염증성 질환의 주된 원인균은 (①), (②)이다.

05 자궁탈출증 환자에게 페서리를 삽입할 경우 페서리는 개인의 (①)의 크기에 맞는 것을 사용한다. 폐경 후에는 질을 윤활하게 하고 산성상태로 만들기 위해 (②)한 후 삽입한다.

06 자궁탈출증 환자의 비수술요법으로는 케겔운동(골반저근훈련)이 있다. 케겔운동 시에는 복근이나 둔근을 사용하지 않고 (①)과 (②)을 이용한다. 6~12개월 계속했을 때 회음근과 항문거근의 탄력성이 증가되어 근력유지와 배뇨조절력을 향상시킬 수 있다.

07 자궁내막증의 호발부위는 (①)이다. 통증은 주로 (②) 골반통이다. 자궁내막증 진단과 치료 후 추적검사로 (③) 측정 시 농도가 유의하게 (④)된 것이 확인된다.

08 다나졸을 통해 자궁내막증 약물치료를 진행한다. 이때 다나졸의 작용은 (①), (②), (③), (④)이다.

09 자궁내막증식증은 자궁내막에 여성 호르몬 중 (①)의 길항작용 없이 (②)이 지속적으로 작용할 때 발생한다.

10 자궁근종은 (①) 의존성 종양이다. 따라서 임신 중에는 근종의 크기가 (②), 분만 후 크기가 (③)하며 폐경기 이후 대개 근종 크기가 (④)한다. 대부분 무증상인 경우가 많으나 월경과다, 비정상 자궁출혈, 만성 골반통 등의 증상이 있다.

11 자궁경부암의 호발부위는 (①)이다. 자궁경부세포검사 시 채취부위는 (①), (②), (③)이다. 채취 전 24시간 동안은 질세척과 성교를 하지 않으며 생리 중에는 검사를 하지 않는다.

12 자궁경부암 진단검사 중 쉴러검사는 세포진 검사에서 양성으로 (①) 전에 (②)를 확인하기 위해 사용한다. 경부에 요오드 용액을 묻혀 변화 관찰하는데, 정상일 경우 (③)으로 나타나고 암세포에서는 (④)으로 나타난다. 이 부위에서 (①)을 실시한다.

13 (①)은 자궁경부암의 진단과 치료를 겸한 목적으로 주로 사용하는 것으로 자궁경부의 조직일부를 원뿔 모양으로 제거하는 시술이다.

14 난소종양을 진단할 때 혈액검사를 통해 (①) 증가를 확인할 수 있다. 이때 난소암과의 변별을 위해 (②)를 확인한다.

15 자궁난관 조영술은 (①)으로 조영제 주입하며 (②), (③)의 해부학적 특성을 보기 위해서 방사선 촬영하는 검사이다. 검사는 월경이 끝나고 (④) 실시한다. 자궁난관 조영술을 실시할 경우 난관을 가득 채운 조영제가 (⑤)을 자극하여 견갑통을 호소할 수 있다.

16 루빈검사는 (①) 여부를 확인하기 위해 실시한다. 검사 전 배뇨 후 루빈 캐뉼러 통해 자궁 경관으로 (②)를 주입하여 자궁, 난관 복강으로 통하는지 확인한다. 환자가 (③)을 호소하는 경우 적어도 한쪽 난관 소통 증거이며, 복강으로 배출된 (②)가 (④)을 자극하여 오는 일시적 반응이다.

---

01 ① 다량의 악취(계란 썩는 냄새) 나는 기포 있는 녹황색 화농성, ② 녹황색 대하, ③ 딸기모양 반점, ④ 배우자

02 ① 칸디다 알비칸스, ② 우유 찌꺼기 같은 백색, ③ 노란 치즈 같은 반점, ④ 배우자, ⑤ 신생아 아구창

03 ① 계란 흰자위 같은 점액 농성, ② 생선 비린내, ③ Clue cell, ④ 조산

04 ① 임균, ② 클라미디아균

05 ① 질, ② 에스트로겐화

06 ① 골반저근육, ② 회음부 근육

07 ① 난소, ② 월경과 함께 또는 월경 직전에 초래되는, ③ 혈중 CA-125, ④ 증가

08 ① 테스토스테론 유사 작용, ② LH와 FSH 분비 억제, ③ 자궁내막증식 억제, ④ 난소에서 에스트로겐 합성 억제

09 ① 황체호르몬(프로게스테론), ② 난포호르몬(에스트로겐)

10 ① 에스트로겐, ② 커지고, ③ 감소, ④ 감소

11 ① 편평원주상피세포 접합부, ② 경관내부, ③ 후질원개

12 ① 조직생검, ② 병소부위, ③ 적갈색, ④ 노란색

13 ① 원추조직절제술

14 ① CA 19-9, ② CA-125

15 ① 경관, ② 자궁, ③ 난관, ④ 2~3(5)일 후, ⑤ 횡격막하 늑간신경

16 ① 난관의 개방, ② 이산화탄소 가스, ③ 견갑통, ④ 횡격막 근처의 늑간신경

2 개념 인출 학습

01 골반염증성 질환의 증상을 5가지 이상 제시하고, 반좌위를 취하는 이유를 답하시오.

02 독성쇼크 증후군의 주 진단기준 5가지를 제시하시오.

03 자궁탈출증 분류단계를 제시하시오.

04 자궁내막증, 자궁내막증식증, 자궁선근증 각각의 정의를 답하시오.

05 자궁내막증의 통증발생 기전에 대해 답하시오.

06 자궁근종의 정의를 답하시오.

07 자궁근종의 발생 위치에 따른 분류법을 답하고, 특성을 제시하시오.

08 자궁경부 세포도말검사 분류체계 5단계를 모두 제시하시오.

09 국가예방접종사업에 따른 자궁경부암 백신명칭과 지원대상, 지원내용을 답하시오.

10 유방암의 종괴 특성을 3가지 제시하시오.

11 유방암 환자에 사용하는 아로마타제 억제제의 약물기전에 대해 답하시오.

12 유방 절제술 후 운동을 하는 이유에 대해 답하시오.

13 자궁난관조영술의 목적 3가지와 치료적 목적 3가지를 답하시오.

1-3 성접촉성 질환

영역			기출영역 분석
성전파성 질환의 종류	세균성	클라미디아	전파경로, 증상, 합병증, 임부 감염 시 태아에게 미치는 영향 `2012`
		임질	진단검사법 `2010`
			임신 중 합병증 4가지 `1992, 1996, 2008`
		매독	병원체, 남녀발생 비율, 서혜부 임파선염과 연관성, 호발부위 `1992, 1993, 1996`
			진단검사법 `2010`
		연성하감	진단검사법 `2010`
		서혜부 육아종	진단검사법 `2010`
		성병성 림프육아종	진단검사법 `2010`
	바이러스성	첨형콘딜로마 `1996, 2011`	원인균, 병소특성(돌기형의 무통성 사마귀) 및 증상, 임신부와 면역저하 대상에게 병변이 자라는 속도, 질분만 시 신생아에게 미치는 영향

마이-맵을 활용한 학습요점 정리

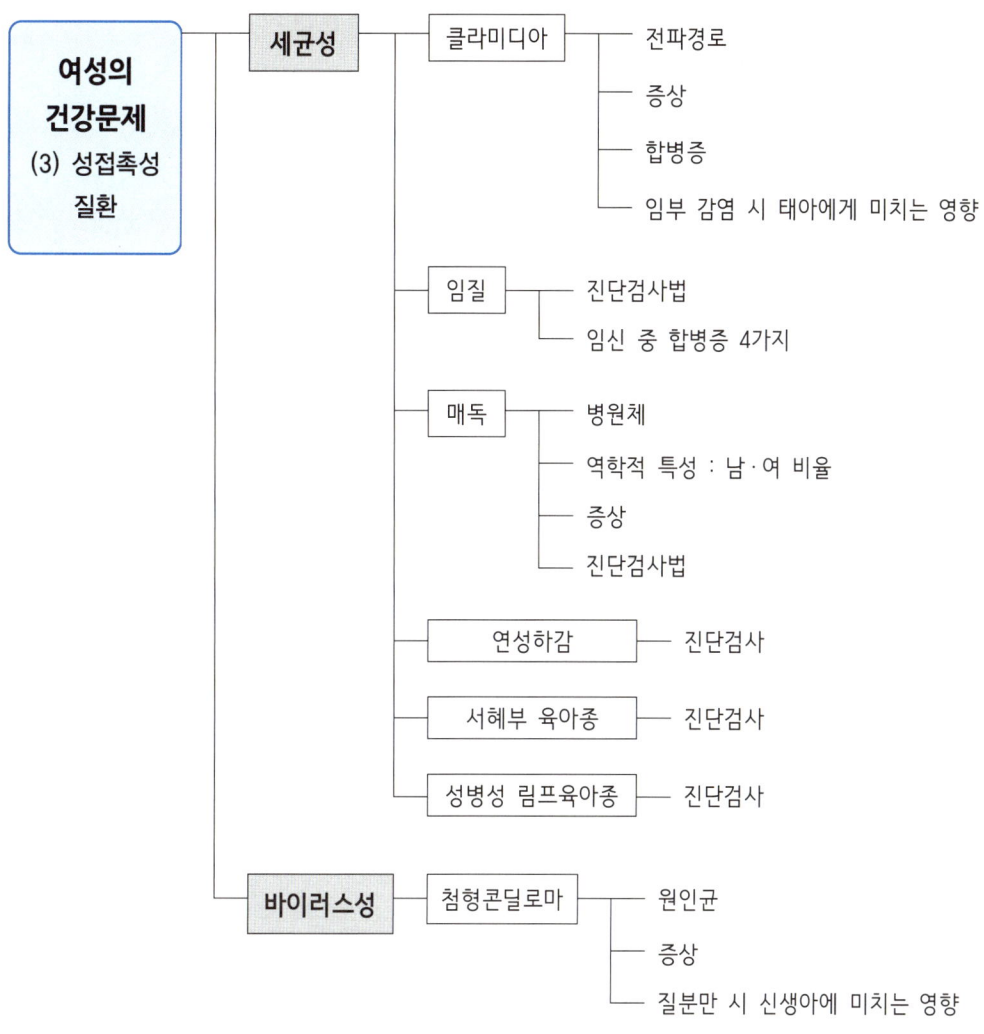

1 개념 정리 학습

01 클라미디아의 원인균은 (①)이다. (②)에 의해 감염되며 대부분 (③)이기 때문에 자신도 모르게 전파시킨다. 질식 분만 시 (④), (⑤)이 발생하며 폐렴, 기관지염 등을 초래한다.

02 (①)은 현미경으로 환부 또는 병변의 삼출물·조직에서 살아있는 매독균을 확인할 수 있다. (②)은 선별검사와 치료 효과 판정에 유용하고, (③)는 확진검사에 유용하다.

03 첨형콘딜로마의 원인 바이러스는 (①)이다. 넓은 부위에 (②) 사마귀가 나타나며 임신부와 면역저하 환자에서 병변 자라는 속도가 (③). 발생 부위에 따라 (④), (⑤), 배변 시 통증과 출혈이 나타난다. 주산기에 콘딜로마에 노출된 영아는 2~4세에 (⑥)으로 발전한다.

---

01 ① 클라미디아 트라코마티스(chlamydia trachomatis), ② 성 접촉, ③ 무증상, ④ 클라미디아 결막염, ⑤ 신생아 안염

02 ① 암시야 현미경 검사법, ② VDRL, RPR, ③ TPHA, TPPA, FTA-ABS

03 ① 사람 유두종 바이러스, ② 꽃양배추 모양을 지닌 돌기형의 무통성, ③ 빨라진다, ④ 성교통, ⑤ 외음부 소양증, ⑥ 후두 유두종증

2 개념 인출 학습

01 클라미디아의 합병증으로 불임이 발생하는 이유를 답하시오.

02 임부가 매독균에 감염되었을 경우 임신 4~5개월 이내에 치료를 받아야 하는 이유를 답하시오.

03 1기 매독의 명칭과 발생 시기, 발생 위치, 병변의 형태에 대해 답하시오.

04 2기 매독의 피부 병변 2가지의 명칭과 각각의 특징에 대해 답하시오.

05 3기 매독의 경과에 대해 답하시오.

06 질병관리청에 따른 매독 진단기준을 제시하시오.

07 연성하감, 서혜부 육아종, 성병성 림프육아종의 진단검사 방법을 답하시오.

1-4 피임

영역		기출영역 분석
피임 방법과 장·단점	경구피임약	기전 2012, 2020, 금기증 2014
		모유수유 중에 복용 가능한 경구피임약 2022
	차단피임법	여성용 페미돔 삽입방법 2025
		여성용 다이어프램 사용법 2025
	생리적 피임법	오기노씨법, 점액관찰법, 기초체온법 1996, 2000
		월경주기 조절법 : 기초체온의 변화양상과 관련 호르몬 2013
	자궁내장치	금기증 2014, 명칭과 미레나에 포함된 호르몬 명칭 2021
	응급피임약	피임원리, 성교 후 72시간 내 투약 이유, 메스꺼움과 구토 발생 원인 호르몬 2016
	자궁내 구리장치	성관계 후 80시간이 지난 시점에서 임신을 예방하기 위한 피임 방법 2009

마이-맵을 활용한 학습요점 정리

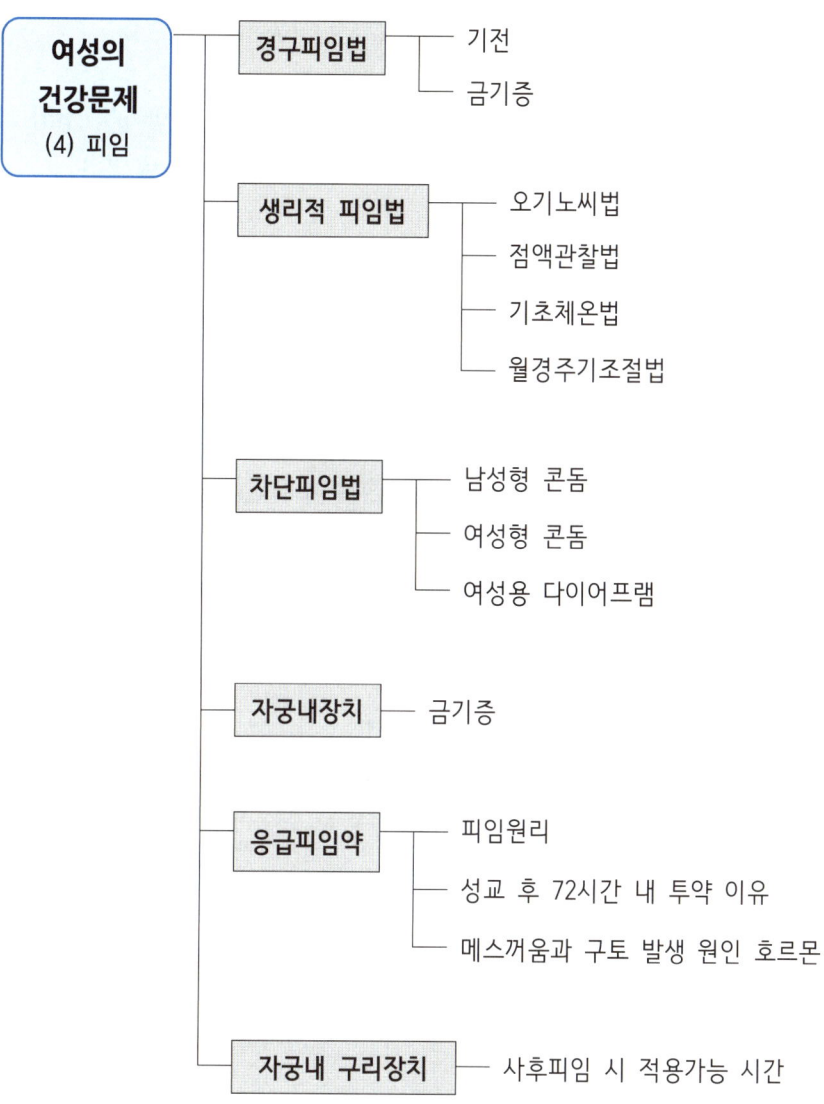

1 개념 정리 학습

01 페미돔은 여성이 사용할 수 있도록 질에 맞게 제조된 콘돔으로 성병과 임신 예방을 위해 사용한다. 페미돔을 질 내로 삽입하여 막혀 있는 한쪽 면의 링을 (①) 바로 앞까지 끼운다.

02 살정제는 사정된 정자가 경관으로 들어가는 것을 방해하는 물리적·화학적 차단 방법이다. 삽입 15분 후에 작용을 시작하므로 최소한 (①)에 삽입해야 하고, 성교 후 (②)의 질세척은 금기이다.

03 다이어프램을 사용할 경우 의사의 진찰을 받아 자궁 크기에 알맞은 것을 정하고 성관계 전에 질 내에 깊숙이 넣어 (①)를 완전히 덮어야 효과를 볼 수 있다. 피임효과를 높이기 위해 돔 안과 가장자리에 (②)를 도포하여 사용한다. 다이어프램은 성교 때마다 약 (③) 전에 삽입하고 성교 후 (④) 전에는 빼지 말아야 한다.

04 기초체온법은 배란 일어나기 전과 후 체온의 자연적인 변화에 의해 배란을 예측하는 방법이다. (①) 체온에서 (②) 체온으로 이행되는 기간에 배란이 되고, (③) 것은 배란이 끝났다는 것을 의미한다. 이는 (④) 작용에 의한 것이다. 체온이 상승된 배란 후 (⑤)부터 (⑥)까지의 기간은 안전기로 성교를 해도 무방하다.

05 자궁경부 점액관찰법은 경부점액양상을 관찰하여 배란일로 예측되는 시기에 피임하는 방법이다. 임신 가능 시기는 (①)간이고, 안전한 기간은 (②)와 (③)부터이다.

06 당뇨병에 이환된 여성에게 금기되는 피임법은 (①)와 (②)이다.

07 구리 자궁내 장치는 여성의 자궁 안에 기구를 넣어서 수정란이 착상되는 것을 막는 피임 방법이다. 구리는 (①) 기능을 하며 자궁내막에 (②)하여 즉시 피임 효과가 있으며 대체 방법이 필요하지 않다.

08 사후 피임 목적으로 구리 자궁내 장치를 사용할 경우 (①) 이내 삽입하여야 한다.

---

01 ① 자궁경부
02 ① 성교 1시간 전, ② 6시간 이내
03 ① 자궁경부, ② 살정제, ③ 1시간, ④ 6~8시간
04 ① 낮은, ② 높은, ③ 체온이 높아진다는, ④ 프로게스테론, ⑤ 3일 저녁, ⑥ 월경이 시작될 때
05 ① 점액분비가 가장 많이 분비된 후 3~4일, ② 월경 직후 건조기, ③ 점액분비가 가장 많은 3~4일 후
06 ① 자궁내장치, ② 복합 경구용 피임제
07 ① 살정제, ② 염증반응을 일으켜 수정란의 착상을 방해
08 ① 성교 후 5일(120시간)

2 개념 인출 학습

01 복합 경구 피임제의 원리를 답하시오.

02 단일 프로게스틴 경구피임제의 원리를 답하고, 장점과 단점을 1가지씩 제시하시오.

03 월경력법(오기노씨법)의 임신가능기간 공식을 답하시오.

04 자궁내장치의 원리에 대해 답하시오.

05 미레나의 피임 원리를 답하시오.

06 응급복합 피임약의 원리를 답하시오.

07 응급복합피임약을 복용할 경우 72시간 내에 복용해야 하는 이유에 대해 답하시오.

08 구리 자궁내 장치의 적응증 4가지를 제시하시오.

02 여성건강 윤리와 법률

영역	기출영역 분석		
모자보건	모자보건사업 : 우리나라 모성보건사업의 문제점 [1993]		
	모자보건법 : 인공임신중절의 허용한계 [2018]		
모성 보건지표	우리나라 모성사망 원인 : 가장 많은 비중을 차지하는 것 [1993]		
	출산 관련 지표	일반출산율/순재생산율 해석 [1995, 2011]	
	사망 관련 지표	모성사망률 공식 [1992]	
		모성사망률/영아사망률/신생아사망률/알파 인덱스 계산 [2012]	
		모성사망비/영아후기사망률/주산기사망률 [2011]	
		주산기사망률/영아사망률/원인별 특수사망률/조사망률 [1994]	
		조출생률/모성사망률/출생전후기사망률(주산기사망률) [2024]	
		비례사망지수/영아사망률/일반출생률/연령별 사망률 [1995]	

마이-맵을 활용한 학습요점 정리

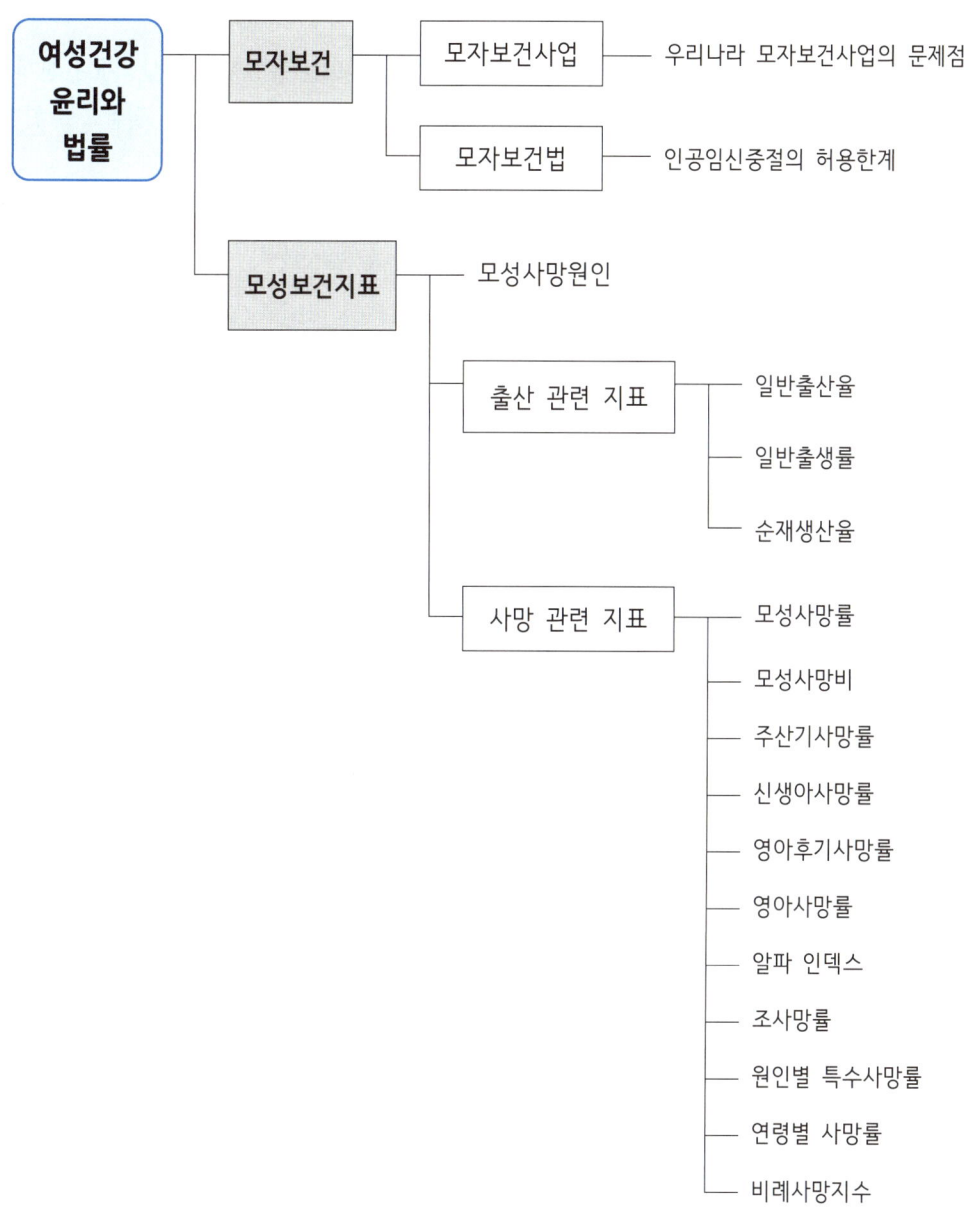

CHAPTER 02. 여성건강 윤리와 법률

1 개념 정리 학습

01 법 제14조에 따른 인공임신중절수술은 임신 (①)인 사람만 할 수 있다.

02 법 제14조 제1항 제1호에 따라 인공임신중절수술을 할 수 있는 우생학적 또는 유전학적 정신장애나 신체질환은 (①), (②) 및 그 밖의 유전성 질환으로서 그 질환이 태아에 미치는 위험성이 높은 질환으로 한다.

03 법 제14조 제1항 제2호에 따라 인공임신중절수술을 할 수 있는 전염성 질환은 (①), (②) 및 그 밖에 의학적으로 태아에 미치는 위험성이 높은 전염성 질환으로 한다.

04 비례사망지수는 일 년 동안의 총 사망자 중에서 (①) 사람의 사망이 차지하는 비율을 (②)로 표시한 것이다. 비례사망지수가 (③) 지역사회의 건강 수준은 좋은 것으로 판단한다.

05 신생아 사망률은 연간 출생아 1,000명에 대한 (①)의 사망아 수이다.

06 신생아후기 사망률은 1,000명 출생당 (①)부터 (②)의 사망아 수이다.

07 알파 인덱스는 (①) 사망자 수와 (②) 사망자 수의 비이다. 1 또는 1에 가까울수록 그 사회의 보건 수준이 (③)을 의미한다.

08 주산기 사망률은 (①) 사망자 및 (②)의 사망자 수를 해당 연도의 총 출생아 수로 나눈 수치를 1,000 분비로 표시한 것이다.

09 모성 사망비는 10만명의 (①)당 임신, 분만, 산욕합병증으로 사망한 산모의 비를 의미한다.

10 모성 사망률은 10만명의 (①)당 임신, 분만, 산욕합병증으로 사망한 산모의 수를 의미한다.

---

01 ① 24주일 이내

02 ① 연골무형성증, ② 낭성섬유증

03 ① 풍진, ② 톡소플라즈마증

04 ① 50세 이상, ② 백분율, ③ 클수록

05 ① 생후 28일 이내(미만)

06 ① 생후 28일 이후, ② 1년 미만

07 ① 영아, ② 신생아, ③ 높음

08 ① 임신 28주 이상 태아, ② 생후 7일 미만

09 ① 신생아 출생

10 ① 가임기 여성

2 개념 인출 학습

01 모자보건법 제14조(인공임신중절수술의 허용한계)에 따른 인공임신중절술 허용사유를 제시하시오.

02 일반출산율의 공식을 제시하시오.

03 합계출산율의 의미를 답변하시오.

04 총재생산율의 의미를 답변하시오.

05 순재생산율의 의미와 산출값 1을 기준으로 1 이상, 1 미만의 의미를 답변하시오.

03 임신과 출산

3-1 임신과 산전관리

영역		기출영역 분석
태아	태아발달	수정란의 착상과정에서 출혈이 발생하는 이유 2019
		임신 초 약물, 감염, 화학물질, 방사선 등을 피해야 하는 이유 2014
		태반의 내분비 기능 2023
임부의 생리적 변화	계통별 변화	생식기계 : Goodell's sign, Chadwick's sign, Hegar's sign 2015
		심맥관계 : 생리적 빈혈 발생기전 2010, 2014 　　　　　혈액량 증가로 심박출량 증가 2009
		위장계 : 위궤양 발생, 생리적 빈혈, 담낭 비워지는 시간 지연 2010 　　　　장연동 운동 감소 2009
		신장계 : 사구체 여과율 증가 2009 　　　　당에 대한 신장역치 감소 등으로 소변으로의 당 배출 2010
		내분비계 : 임신 및 분만 중 당대사 변화 2012 　　　　　태반에서 생성된 에스트로겐의 소변으로의 배출 2009
		근골격계 : 골반가동성 증가 2009
		유방·피부계 2012
		대사 : 체중증가 정상범위 2013
	임신의 징후 2010	가정적 징후 : Goodell's 징후, 무통성의 불규칙한 자궁수축, 부구감
		추정적 징후 : 빈뇨, 유방의 울혈 및 예민함 증가
임부와 산전간호	임부의 건강사정	임신확인 검사 2019
		산과력 1995, 2022
		분만예정일 계산(네겔 법칙 사용) 2019
		레오폴드 복부촉진법 2024
	간호진단 및 간호중재	• 분만예정일 한달 전 분만을 촉진시킬 수 있는 자세와 그 이유 2013 • 철분제 복용법, 복용해야 하는 이유 2012, 2021 • 엽산 복용 목적 2012, 2019 • 양수과다 시 누울 때 바른 자세와 그 이유 2013 • 요통관리 : 발생기전 2012, 완화 위한 운동 1993 • 유방관리 2012 • 태아알코올증후군을 가진 아동의 외견상 특성과 행동 특성 3가지 2003
태아의 건강사정		태아목덜미 검사 2020
		모체혈청 AFP 2020
		양수검사 : 태아 폐성숙이 완성되었음을 의미하는 레시틴과 스핑고마이엘린(L/S) 비율 2024
		임부 자가측정법 및 판단기준 2012
		무자극 검사 : 태아의 건강상태를 평가하는 요소 2022, 검사목적 / 결과(정상반응) 2025
		태아심박동 양상 : 후기하강 2023

고위험 임부간호	고위험 임신	모체요인	나이 어린 임부의 합병증 1996	
		다태임신	다태 임신 여성의 산전교육 내용 2011	
	임신 중 출혈성 합병증	임신 초기 자궁출혈	유산	
			자궁경관 무력증	진단검사	초음파 검사소견 2가지 2018
				치료	외과적 교정 명칭과 방법 2018
			자궁외 임신	진단검사	혈청 내 hCG 수치와 초음파 검사 2017
				치료	Methotrexate의 작용기전 및 약물섭취 시 피해야 할 성분제제 2017
			포상기태	1996 – 보기
		임신 후기 자궁출혈	전치태반 2011 – 보기	
			태반조기박리 2019	
	임신 중 고혈압성 장애	자간전증	발생시기 2012	
			증상 2012	
			합병증	HELLP 증후군의 명칭 2021
			중재법	• 자간전증 임부 식이 2009 • 자간전증 관리법 2012 • 황산마그네슘 투여 중인 대상자 관리 2013 • 황산마그네슘 투여 이유와 이로 인한 독성작용 시 투여약물 2017
		자간증	증상과 징후	자간전증에서 자간증으로 진행되었음을 확인할 수 있는 특징적인 증상 또는 징후 2021
			관리	방의 조명 관리법과 이유 2021
	임신성 당뇨	임신 중 당대사	임신 1기 인슐린 투여량 2009	
			임신 및 분만 중 당대사 변화 2012	
		선별검사	실시 시기와 임신성 당뇨병을 의심하는 결과 2024	
		신생아에 미치는 영향	거대아, 호흡곤란증후군의 발생기전 2020	
			출생 직후 저혈당 발생위험이 높은 이유 2024	
	임부의 감염성 질환	풍진 1992		
		성전파성 질환	임질 1996, 2008, 콘딜로마 2011, 매독 1996	
		질염(모닐리아성 질염 / 칸디다성 질염) 1993		
		출산 전 산모의 성병감염의 원인이 되는 신생아 질환 1996		

마이-맵을 활용한 학습요점 정리

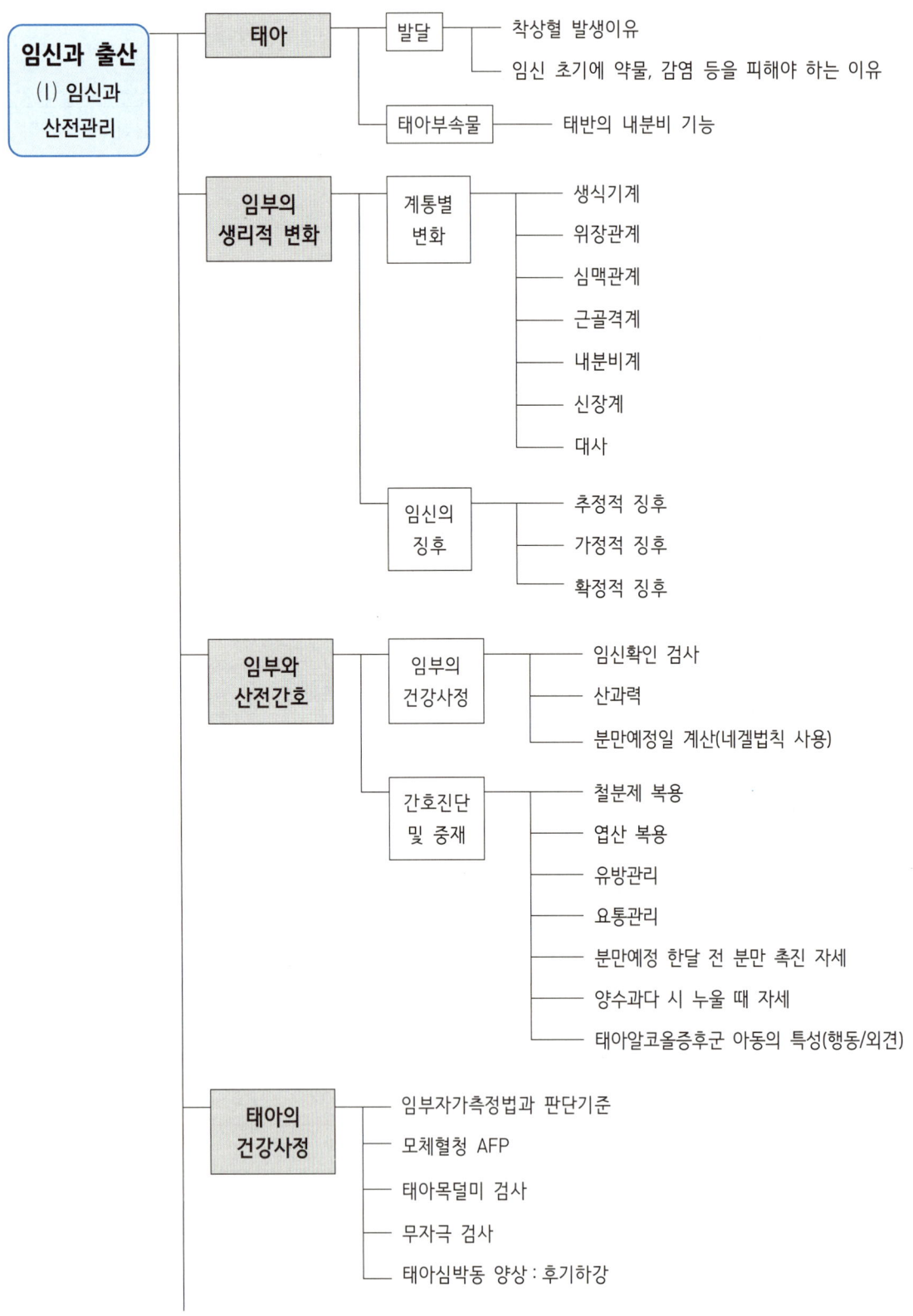

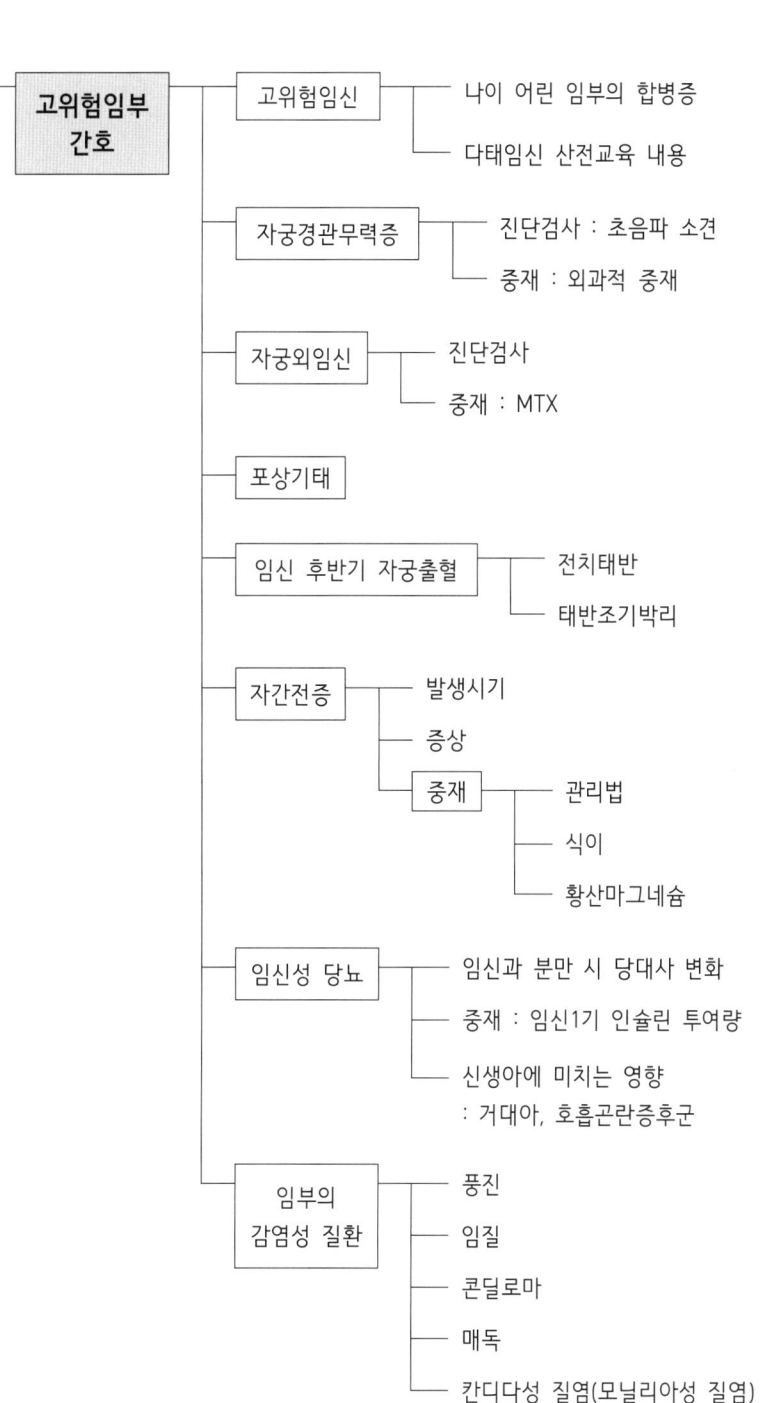

1 개념 정리 학습

01 태반은 (①)과 (②)이 합쳐 형성된다.

02 융모성선자극호르몬은 태반에서 만들어지는 당단백호르몬으로, 임신 초 황체기능을 유지하게 해서 (①)과 (②) 분비를 돕는다. 임신 2~3개월(60~70일) 최고수준으로 (③)을 유발한다.

03 (①)은 태반에서 생성되는 단백호르몬으로, 모체의 당, 단백 및 지방수준을 조절하여 태아성장을 증진하며 태반기능사정 지표이다.

04 릴렉신은 자궁활동을 (①)하고, 골반관절의 연골과 결합조직을 (②)시킨다.

05 폐 성숙도 검사 시 레시틴 : 스핑고마이엘린 = (①)일 때 폐가 성숙된 것으로 간주한다.

06 임신 시 에스트로겐 (①)는 위염산 분비를 (②)시켜 임신 중기에 소화성 궤양으로 인한 증상이 개선될 수 있다.

07 임신 시 프로게스테론 (①)로 평활근이 (②)되어 담낭 수축 저하로 담낭이 비워지는 시간이 지연되어 (③), (④), (⑤)이 발생할 수 있다.

08 임신 시 당에 대한 신장의 요역치 (①)로 소변으로 당이 배출될 수도 있다. 또한 사구체여과율이 (②)하여 혈장 크레아티닌 농도가 (③)한다.

09 산과력을 사정하고자 할 때 5자리 숫자체계는 G(①), T(②), P(③), A(④), L(⑤)를 의미한다.

10 네겔의 법칙 계산법은 마지막 월경이 시작된 날로부터 (①)을 더하고, 이때 12가 넘으면 다음 해로 넘긴 후 (②)을 뺀다. 마지막으로 (③)을 더하여 계산한다.

11 단태아일 경우 정기 진찰일은 임신 28주(7개월)까지 (①)에 1회, 임신 36주(9개월)까지 (②)에 1회, 임신 37주 이후에서 분만 시까지 (③) 1회이다.

12 (①)은 유두를 촉촉하게 하고 박테리아 성장을 억제하는 윤활물질을 분비하므로 유두 세척 시 물만 사용하여 씻도록 한다.

13 철분은 (①)에 복용할 때 가장 흡수가 잘 되므로 식사와 식사 중간에 차, 커피, 우유를 제외한 음료와 함께 복용한다. 또한 철분은 (②)와 함께 섭취하면 철분 보충제의 흡수가 증가되므로 식이에 자주 포함시킨다.

14 엽산은 세포분열과 단백질 합성에 필요한 (①)에 필수이므로 태아 성장을 위해 꼭 필요하다. 또한 임신 전부터 임신 (②)주 전까지 엽산을 복용하면 (③)을 예방할 수 있다.

15 임신 2기에 프로게스테론과 에스트로겐으로 인한 (①)으로 관절의 안정성이 저하되어 관절의 과운동을 초래하고, 골반압박감, 요통 등을 초래하여 관절통, 요통 등을 유발한다.

16 태아 사정을 위한 4중 지표는 (①), (②), (③), (④)이다. (②)와 (④)가 증가된 경우 다운증후군을 의심할 수 있다. (①)이 증가한 경우 신경관 결손을 의심할 수 있다.

17 생물리학 계수의 5가지 변수는 (①), (②), (③), (④), 양수량이다. NST는 (⑤)의 손상 유무를 반영, 양수지수는 (⑥)에 대한 정보를 제공한다.

18 무자극검사(NST)는 태아의 움직임에 대한 태아심음의 반응으로 (①)을 사정하는 검사이다. 검사 시 자세는 (②) 또는 (③)에서 (④)분간 검사를 실시하고, 태아의 건강상태 평가요소는 (⑤), (⑥)이다.

19 NST의 반응(정상)은 (①)분 동안 태아심음이 기준선보다 (②) 이상 상승하여 (③) 이상 지속되는 것이 (④)회 이상 나타나는 경우이다. 무반응은 (①)분 동안 태아심음이 기준선보다 (②) 이상 상승하지 않거나 (③) 이상 지속되지 않는 경우로 태아 건강문제를 의미한다.

20 자궁수축검사(CST)는 임신 (①)주 사이에 시행한다. 검사 결과 음성은 10분 이내에 (②)초간 지속되는 자궁수축이 적어도 (③)회 이상 있으며 후기감퇴가 없는 경우로 건강한 태아를 의미한다.

21 유산은 태아가 생존력을 갖기 전에 임신 종결되는 것으로 태아 몸무게가 (①) 또는 (②)일 때를 의미한다.

22 자궁외임신은 난관의 (①)와 (②)에 호발한다. 자궁외임신의 3대 증상은 (③), (④), (⑤)이다. 조기에 진단하기 위해 (⑥) 검사를 통해 수치를 확인하고, (⑦)를 통해 임신낭을 확인한다.

23 자궁경관무력증은 자궁 경관의 구조적, 기능적 장애로 임신 (①)기에 (②)으로 자궁경관이 개대되어 태아와 부속물 배출되는 임신 전반기 출혈성 합병증이다.

24 포상기태는 (①)가 어떤 원인으로 (②)을 일으켜 작은 낭포를 형성하는 임신성 영양막 질환이다. (③)와 (④)를 통해 확진할 수 있다. 진단 당시 임신 (⑤)주 이내이면 소파수술로 기태를 제거할 수 있다.

25 융모상피암의 폐 전이를 알아보기 위해 (①)를 실시한다.

26 태반조기박리 시 태반의 변연부위가 먼저 박리되어 출혈은 난막 뒤로 배출되어 자궁경관으로 흘러 선홍색 출혈이 외부로 나오는 (①)과 태반의 중앙부터 분리되어 출혈이 태반 뒤쪽에 축적되고 다량 축적되면서 태반 전체가 완전히 박리되어 최종적으로 출혈이 발생하는 (②)이 나타난다.

27 태반조기박리 시 혈관 외로 유출된 혈액이 광범위하게 자궁근층과 장막으로 퍼지게 되어 자궁이 붉거나 파랗게 보이는 현상을 (①)이라고 한다.

28 임신성 고혈압은 임신 (①)주 이후에 혈압이 (②)으로 증가하거나 또는 6시간 간격으로 두 번 혈압을 측정하였을 때 평상시 혈압보다 수축기 혈압이 (③), 이완기 혈압이 (④) 상승한 경우로 (⑤)를 동반하지 않은 상태이다.

29 HELLP 증후군은 주로 임신 (①)주 이전에 (②), (③), (④)의 소견을 보인다. 중증 자간전증의 범위와 일치하지 않아 DBP 90mmHg 이하일 수 있고, 단백뇨가 나타나지 않거나 늦게 나타나기도 한다.

30 자간전증에서 자간증으로의 악화를 암시하는 증상은 (①), (②), (③), (④), (⑤)이다.

31 자간증 산모에게 황산마그네슘을 투여하는 목적은 중추신경계를 (①)하여 (②)하고, 평활근을 (③)시켜 혈압을 (④) 효과를 보기 위함이다.

32 황산마그네슘의 독성반응으로 호흡부전이나 심정지가 나타날 때 사용할 수 있는 (①)를 침상 옆에 준비해두고, 호흡 저하 시 1g을 천천히 (②)한다.

33 임신성 당뇨를 선별하기 위해서 모든 임부에게 임신 (①)주에 선별검사 실시한다. 하루 중의 시간에 상관없이 (②)g의 포도당을 구강으로 투여하고 (③)시간 후에 혈청 내 포도당을 측정한다. 검사 결과 (④)이면 진단검사를 실시하고, 정상 시에는 다음 정기 검진일에 방문한다.

34 임신성 당뇨 진단검사 시 산모는 검사 전날 (①)부터 금식하고, 공복 혈청 포도당 농도를 측정한 다음 임부는 (②)g의 포도당 용액을 마시고 1시간 후, 2시간 후, 3시간 후에 혈청 포도당 농도 측정한다. 검사 결과 공복 시 (③)mg/dL 이상, 1시간 후 (④)mg/dL 이상, 2시간 후 (⑤)mg/dL 이상, 3시간 후 (⑥)mg/dL 이상 중 (⑦)개 이상 해당 시 임신성 당뇨로 진단내린다. 결과 수치 중 1개라도 해당 시 32주에 다시 검사를 실시한다.

35 (①) 이내 풍진에 감염되면 태아에 선천성 심질환, 청각장애, 백내장, 지적장애 등 치명적인 영향을 초래한다.

01 ① 번생융모막, ② 모체 기저탈락막

02 ① 에스트로겐, ② 프로게스테론, ③ 입덧

03 ① 태반락토젠

04 ① 억제, ② 이완

05 ① 2 : 1

06 ① 증가, ② 감소

07 ① 증가, ② 이완, ③ 담석, ④ 소양증, ⑤ 고지혈증

08 ① 저하, ② 증가, ③ 감소

09 ① 출산과 관계없이 현재 임신을 포함한 총 임신수, ② 37주 이후 만삭분만의 수,
   ③ 20주 이후에서 37주 사이의 조산의 수, ④ 자연 유산 또는 치료적 유산에 상관없이 유산의 수,
   ⑤ 현재 살아 있는 아이의 수

10 ① 9개월, ② 3개월, ③ 7일

11 ① 4주, ② 2주, ③ 매주

12 ① 몽고 메리선

13 ① 공복, ② 비타민 C

14 ① DNA, RNA 합성, ② 6, ③ 신경관 결손

15 ① 치골결합과 천장관절의 이완

16 ① αFP, ② hCG, ③ 비포합형 에스트리올, ④ Inhibin A

17 ① 태아심박동수 상승, ② 태아호흡, ③ 태아움직임, ④ 태아긴장도, ⑤ 신경계, ⑥ 신장관류

18 ① 태반호흡기능, ② 반좌위, ③ 좌측위, ④ 20~30, ⑤ 태동, ⑥ 태아심박수

19 ① 20, ② 15박동, ③ 15초, ④ 2

20 ① 28~34, ② 40~60, ③ 3

21 ① 500g 미만, ② 재태기간 20주 미만

22 ① 팽대부, ② 협부, ③ 무월경, ④ 복부통증, ⑤ 약간의 질출혈, ⑥ β-hCG, ⑦ 질식 초음파

23 ① 2, ② 자궁수축 없이 무통성

24 ① 융모막 융모, ② 수포성 변성, ③ 초음파검사, ④ β-hCG 검사, ⑤ 12

25 ① 흉부 X-ray

26 ① 외출혈, ② 은닉출혈

27 ① 자궁태반졸증

28 ① 20, ② 140/90mmHg 이상, ③ 30mmHg 이상, ④ 15mmHg 이상, ⑤ 단백뇨

29 ① 36, ② 용혈, ③ 간효소 증가, ④ 저혈소판증

30 ① 심하고 지속적인 두통, ② 심와부 통증, ③ 희미한 시야, ④ 소변량 감소, ⑤ 단백뇨 증가

31 ① 억제, ② 경련을 예방, ③ 이완, ④ 낮추는

32 ① 10% calcium gluconate, ② 정맥주입

33 ① 24~28, ② 50, ③ 1, ④ 투여 1시간 후 혈청 내 혈당이 140mg/dL 이상

34 ① 자정, ② 100, ③ 95, ④ 180, ⑤ 155, ⑥ 140, ⑦ 2

35 ① 임신 4개월

2 개념 인출 학습

01 수정이 일어난 후부터 자궁 내 발달 3단계 명칭과 시기를 답하시오.

02 착상하는 과정에서 출혈이 발생하는 이유를 답하시오.

03 Wharton's jelly의 기능을 3가지 답하시오.

04 태반에서 분비되는 에스트로겐과 프로게스테론의 기능을 제시하시오.

05 쉐이크 테스트와 마이크로버블 테스트 각각의 방법을 설명하시오.

06 자궁저부 위치를 3개월, 6개월, 9개월, 38~40주로 나누어 답하시오.

07 브랙스톤 힉스 수축의 정의와 효과에 대해 답하시오.

08 임신 시 자궁경부의 변화에 대해 설명하시오.

09 임부에서 앙와위성 저혈압이 발생되는 기전을 설명하고, 예방하기 위한 체위를 제시하시오.

10 임신 중 생리적 빈혈이 발생하는 기전을 답하시오.

11 임부에게 임신선이 발생하는 기전을 답하시오.

12 임신 시기별 임부의 인슐린 요구도와 혈당 변화에 대해 설명하시오.

13 임신의 추정적 징후, 가정적 징후, 확정적 징후의 정의를 답하고 각각 4가지 이상 제시하시오.

14 레오폴드 복부촉진법 각 단계별 검사자의 위치, 손 위치와 확인할 수 있는 것을 답하시오.

15 임신 초기와 중기에 임부의 불편감 감소를 위해 실시하는 골반흔들기, 어깨돌리기, 나비운동의 효과에 대해 답하시오.

16 태아알코올증후군의 외견상 특성과 행동특성을 3가지 이상 제시하시오.

17 철분 섭취의 필요성을 모체와 태아 측면으로 나누어 각각 2가지 이상 제시하시오.

18 임신 2기경 임부에게 정맥류가 발생하는 원인을 답하고, 중재 방안을 제시하시오.

19 임신 2기경 임부에게 하지 경련이 발생하는 원인을 답하고, 중재 방안을 제시하시오.

20 임부 자가 태동 측정법인 카디프 방법과 사도브스키 방법의 각각의 측정법과 판단기준을 답하시오.

21 조기하강, 후기하강, 변이성 하강 각각의 원인을 제시하고 적절한 간호중재를 답하시오.

22 다태임신에서 전치태반의 빈도가 증가하는 이유를 답하시오.

23 절박 유산, 불가피 유산, 불완전 유산의 출혈량, 자궁수축, 자궁경부상태, 조직배출 유무에 대해 답하시오.

24 자궁외임신에서 메토트렉세이트를 사용하여 치료를 한다. 메토트렉세이트의 투여 시기와 투여 부위 및 작용기전을 답하시오.

25 질식 초음파로 자궁경관무력증을 진단하고자 할 때 관찰할 수 있는 경부의 양상을 답하시오.

26 자궁경관무력증을 교정하기 위한 교정술 2가지의 명칭과 시술방법에 대해 답하시오.

27 융모상피암 치료 후 β-hCG가 음성이 되었을 때, 최소 1년간 피임을 해야 하는 이유를 답하시오.

28 태반박리 정도와 태아에 미치는 영향에 따른 태반조기박리 분류에 대해 답하시오.

29 태반조기박리의 위험요인을 3가지 이상 제시하시오.

30 태반조기박리 시 자궁압통이 발생하는 기전을 답하시오.

31 경한 자간전증, 중증 자간전증, 자간증 각각의 혈압과 체중증가, 단백뇨 양상에 대해 제시하시오.

32 임신 시기별(임신 1기, 임신 2·3기, 분만) 인슐린 요구량의 변화와 인슐린 투여량의 변화에 대해 답하시오.

33 임신성 당뇨 산모에서 태아 거구증과 양수과다증이 발생하는 기전을 각각 설명하시오.

34 임신성 당뇨 산모에서 태어난 신생아가 저칼슘혈증 상태가 되는 이유를 설명하시오.

3-2 출산과 산후관리

영역		기출영역 분석	
분만	영향 요인	5P, 태아 아두, 태아선진부, 골반의 주요경선, 분만시작 이론, 자궁수축 등	
		태위 정의 `2024`	
		두정위를 태세를 중심으로 서술 `2024`	
	분만전구 증상	요통, 체중감소, 하강감, 가진통, 에너지 분출, 자궁경부연화, 양막파열 `2016`	
	분만 간호	분만 1기	규칙적으로 5분마다 40초 이상 지속되는 통증을 보이는 분만 단계 `2018`
			자궁수축에서 안 아픈 시기가 모체와 태아에게 미치는 영향 `2018`
			양막파수 확인방법 2가지 `2014`
		분만 3기	자궁저부 마사지 `2009, 2014`
			분만 시 태반 만출 방법 – 슐츠기전, 던칸기전 `2023`
	고위험 분만	자궁기능부전	
		조기진통	조기분만 시 관리법 `2013`
		지연임신과 과숙아 분만	
		조기파막	아기가 산도진입 전 양막파열이 위험한 이유 `2018`
		제대탈출	
		양수과다증과 양수과소증	양수과다증 시 체위 `2013`
			양수지수 3cm 의미 `2022`, 양수과소증의 양수지수 `2025`, 전자간증이 양수과소증을 초래하는 이유 `2025`
		유도분만	
		흡입만출	
		제왕절개	
		태반유착 `2022`	
		자궁파열	
		양수색전증	

산욕	산모의 생리적 적응	산욕기 동안 생리적 변화	오로의 양과 특성으로 자궁내막 재생정도 파악 가능, 혈액량 변화, 복벽 회복, 자궁복구과정 중 자가분해작용으로 인한 혈액 요소질소 수치변화 2010
		분만 후 3주된 산모	오로 양상, 성교통 원인, 근골격 변화와 관련된 활동조절, 모유 수유 피임 효과, 복벽 회복 기간 2011
		초산모 분만 후 3일째	자궁 저부 높이, 발한 및 소변량 변화, 회음 절개부위 양상, 모유수유와 오로관계 2012
		모유수유가 피임이 되는 이유 2022	
	산모 간호	질 분만 산모 간호	조기이상의 영향 3가지 2009, 2014
		유즙분비 기전	산모의 모유수유반사 2011, 2015
	고위험 산욕간호	산후 출혈성 질환	산후 출혈
			자궁복구부전
			자궁내번증 2022
			산후 혈종
		산후 감염	회음·외음의 감염, 경관염
			자궁내막염 2009
			골반연조직염과 복막염
			제왕절개분만 후 감염
			혈전성 정맥염
			유선염 : 유선염이 있을 때 모유수유 2009
			산후 비뇨기계 감염

마이-맵을 활용한 학습요점 정리

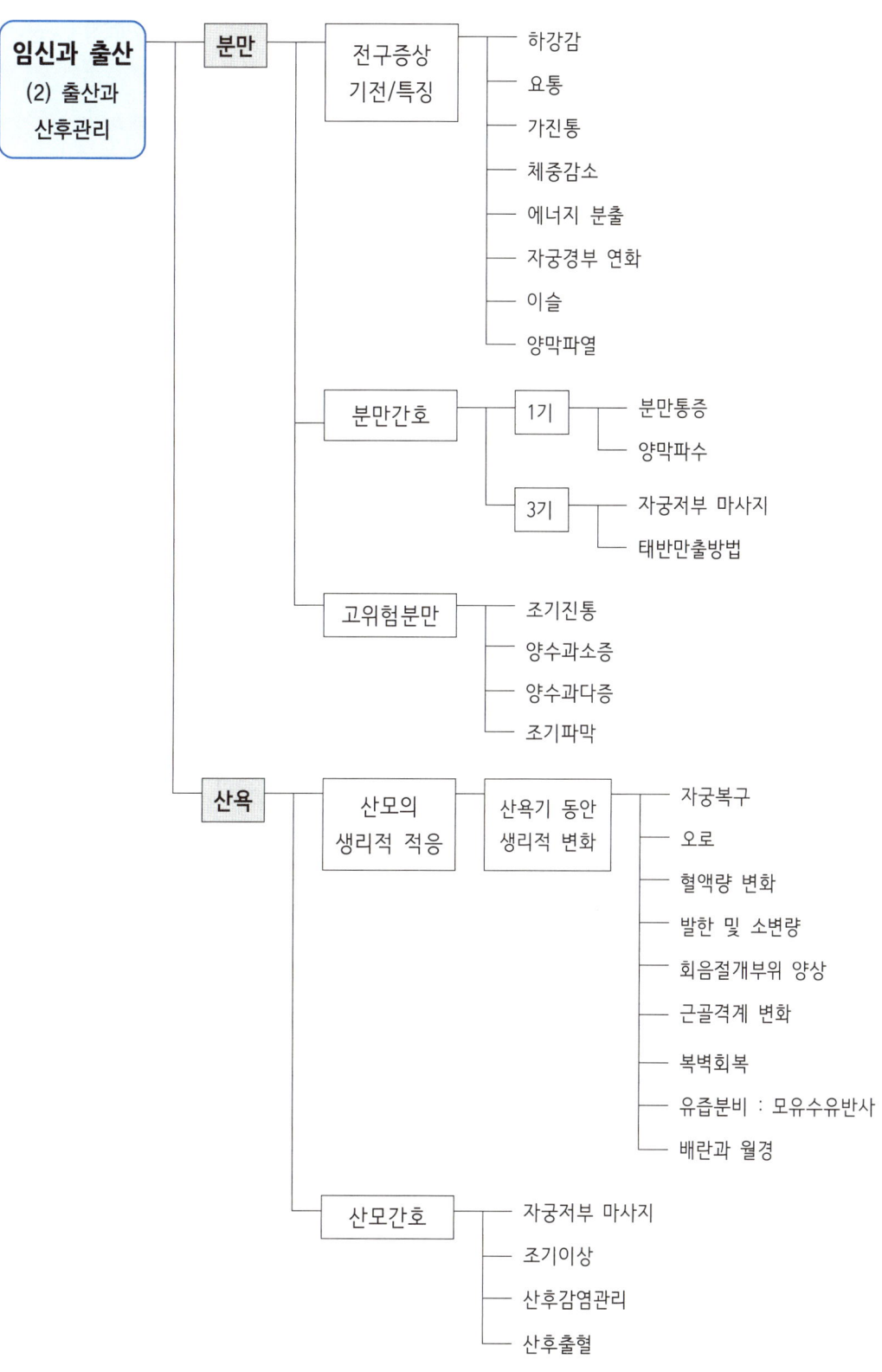

CHAPTER 03. 임신과 출산

1 개념 정리 학습

01 대각결합선은 (①)까지의 길이로 대체로 (②)cm이다. 진결합선은 (③)까지의 연결된 길이로 대각결합선에서 (④)cm을 뺀 길이로 예측한다. 산과적 결합선은 (⑤) 간의 길이로 진결합선에서 (⑥)cm를 뺀 길이이다.

02 난산이나 기능적 자궁부전이 있을 때는 병리적 견축륜이 나타난다. 병리적 견축륜은 자궁 하부가 극도로 얇아지고 융기선이 위로 상승하여 (①)과 (②) 사이에 융기선이 생기는 상태로 자궁파열의 전조증상이다.

03 가진통은 자궁수축이 (①)이고, 수축 간격이 (②), 수축 기간과 강도는 (③). 통증은 주로 (④)에 국한되고 활동 시 통증은 (⑤)한다. 자궁 경부의 개대와 소실은 (⑥).
진진통은 자궁수축이 (⑦)이고, 수축 간격이 (⑧), 수축 기간과 강도는 (⑨)한다. 통증은 (⑩)로 방사되고, 활동 시 통증은 (⑪). 자궁경부의 개대와 소실은 (⑫).

04 수축 주기는 (①)부터 (②)까지 시간이고, 기간은 자궁이 (③)부터 (④)될 때까지의 시간이다. 수축 간격이 (⑤)분보다 짧거나 수축기간이 (⑥)초 이상 길 때는 태반 관류가 원활하지 못하여 태아는 산소결핍으로 뇌손상으로 사망할 수도 있다.

05 Nitrazine paper test는 (①)인 양수를 산성인 질 분비물, 소변과 구분하기 위한 검사이다. 검사지를 갖다대거나 혹은 무균 면봉을 질 내로 깊숙이 넣어 액을 채취하여 검사지에 묻혀 색상을 표준색상도표와 비교하여 판독한다. 질 분비물일 경우 (②), 양수일 경우 (③)이 나타난다.

06 라마즈 호흡법은 잠재기에 (①) 호흡, 활동기에 (②) 호흡, 이행기에 (③) 호흡을 하는 것이다. 아두 발로 시에는 (④)를 위해 헐떡거리는 호흡을 해야 한다.

07 두정위 분만 기전은 (①) → (②) → (③) → (④) → (⑤) → (⑥) → (⑦)이다.

08 회음절개술은 (①) 때 시행하여 출산을 촉진하기 위해 실시하는 시술이다.

09 리트겐 수기법은 아두의 가장 (①) 경선이 만출되도록 손가락을 이용하여 만출 속도와 방향을 조절하는 방법이다. 리트겐 수기법은 (②) 상태에서 (③)을 실시한 후 적용하고, 아두 유출 속도 조절로 회음부 열상방지와 분만 촉진 효과가 있다.

10 태반 만출기전 중 (①)기전은 태반의 중앙부부터 분리되어 질구에 태아면이 먼저 보이고 태반이 나온 후에 출혈이 나타나고, (②)기전은 태반의 가장자리로부터 분리되어 출혈이 먼저 발생된 후 암적색의 모체면이 먼저 배출된다.

11 자궁저부 마사지는 자궁근육 섬유를 (①)시키고, 응고된 혈액을 (②)시키기 위해 시행한다. 마사지는 자궁저부가 (③) 때 시행한다.

12 분만 시 마약성 진통제는 분만 1기 (①)에 투여한다. 잠재기에 투여할 경우 분만 진행을 지연할 수 있고, 분만 직전 투여 시 신생아의 (②) 증상을 발생할 수 있기 때문이다. 신생아 (②) 증상 발생 시 (③)을 투여한다.

13 조기진통은 임신 (①)주 사이에 자궁경부의 변화와 자궁수축이 시작되는 것이다. 조기진통 시 산모의 체위는 (②)로 취해준다. 그 이유는 (③) 증가시키고 (④) 감소시키기 때문이다.

14 자궁수축억제제 투여 전제 조건은 모체의 경우 양수파막이 되지 않았고, 경관 개대 (①)cm 이하, 경관 소실 (②)% 이하이며, 자궁수축이 (③)로 강하지 않을 때이다. 태아의 경우 태아가 생존력이 있고 질식의 증세가 없을 때이다.

15 조산이 예상될 때 태아의 (①)시키기 위해 베타메타손(Betamethasone)을 투여할 수 있다. 최소한 분만 (②)시간 전에 투여하고, 투여 후 7일 이내 분만이 이루어지지 않았으나 조산 우려가 있을 때 다시 투여한다.

16 양수과다증은 양수 추정량이 (①)mL 이상인 경우로 양수지수 (②)cm 초과인 경우이다. 양수과소증은 (③)mL 이하인 경우로 양수지수 (④)cm 미만인 경우이다.

17 옥시토신을 이용한 유도분만 시 자궁수축 기간이 (①)초 이상이 되는 경우, 자궁수축 간격이 (②)분 이내, 자궁 내 압력이 (③)mmHg 이상 시 옥시토신 투여를 중단해야 한다.

18 산욕기 자궁 퇴축 기전은 (①), (②), (③)으로 진행된다. 자궁이 복구하는 과정에서 자가분해 작용이 일어나 혈액요소질소 수치가 (④)한다. 태반이 부착되었던 부위는 표면에 혈전들을 동반한 정맥들이 노출된 상태로 되어 있어 완전 회복에 (⑤)주가 소요된다.

19 분만 직후 자궁저부는 대개 (①)에 위치하고, 분만 12시간 후 골반저부의 근육이나 방광근육의 긴장도가 정상으로 돌아옴에 따라 자궁저부는 상승되어 (②)에 위치한다. 분만 3일 후 자궁저부는 (③)에 위치하고, 분만 10~12일 후 자궁저부는 복벽에서 촉지되지 않는다.

20 분만 후 발생하는 혈액량의 변화는 (①), (②), (③)으로 초래된다.

21 태아의 (①)자극에 의해 (②) 방출인자의 분비 항진 → (②) 분비 항진 → 음성 피드백에 의해 (③)에서 (②) 억제인자(PIF)의 분비 항진 → (④)의 분비 억제 → (⑤), (⑥)의 분비 억제 → 에스트로겐·프로게스테론의 분비 억제되어 무배란

22 초산모는 자궁이 (①) 수축을 하기에 산후통이 없고, 경산모는 (②) 수축하기 때문에 산후통이 초래된다. 산후통을 감소시키기 위해 (③), (④), 고온팩 적용, 배 깔고 눕기 등을 시행할 수 있다.

23 프로락틴은 (①)에서 생성 및 분비된다. 프로락틴의 작용은 (②)을 증가시키고, (③)을 억제시킨다. 옥시토신은 (④)에서 생성되어 (⑤)에서 분비된다. 옥시토신의 작용은 (⑥)를 촉진하고, 유선관 내의 (⑦)을 방출한다.

24 산후감염은 분만 후 첫 (①)시간 이후부터 (②)일 동안에 구강으로 1일 4회 측정하여 (③)℃ 이상의 체온상승이 (④)일 이상 지속되는 경우 또는 산후 언제라도 (⑤)℃ 이상의 체온이 상승되거나, (③)℃ 이상의 열이 분만 (①)시간 이후부터 4시간 간격으로 (④)회 이상 나타나는 경우이다.

25 자궁내막염 환자의 경우 파울러씨 체위를 통해 (①)을 증진시킨다. 식이는 (②), (③) 식이를 제공한다.

26 유선염의 흔한 원인은 (①)이다.

01 ① 치골결합 하연에서 천골갑, ② 12.5, ③ 치골결합 상연에서 천골갑, ④ 1.5~2
   ⑤ 치골결합의 내면과 천골갑, ⑥ 0.5

02 ① 치골결합, ② 제와부

03 ① 불규칙적, ② 변하지 않으며, ③ 변하지 않는다, ④ 복부, ⑤ 감소, ⑥ 일어나지 않는다,
   ⑦ 규칙적, ⑧ 점점 짧아지고, ⑨ 점점 증가, ⑩ 허리부분에서 시작하여 복부, ⑪ 더욱 심해진다,
   ⑫ 점차적으로 일어난다

04 ① 자궁수축 시작, ② 다음 수축 시작, ③ 단단하게 수축할 때, ④ 이완, ⑤ 2, ⑥ 90

05 ① 약알칼리성, ② 노란색, ③ 청녹색, 청회색

06 ① 느리고 얕은 흉식, ② 빠르고 얕은 흉식, ③ 빠르고 일정한 흉식(히-히-히-후), ④ 회음부 열상방지

07 ① 진입, ② 하강, ③ 굴곡, ④ 내회전, ⑤ 신전, ⑥ 외회전, ⑦ 만출

08 ① 외음 사이에 아두가 3~4cm 보일

09 ① 작은, ② 발로, ③ 회음절개술

10 ① 슐츠(Schultz), ② 던칸(Duncan)

11 ① 수축, ② 배출, ③ 단단하지 않을

12 ① 활동기, ② 호흡중추 억압, ③ 날록손

13 ① 20~37, ② 좌측위, ③ 태반의 혈류를, ④ 자궁경부에 가해지는 태아 압력을

14 ① 4, ② 50, ③ 20분에 3~4회 정도

15 ① 폐 성숙을 촉진, ② 24

16 ① 2,000, ② 24, ③ 32~36주 사이 양수의 양이 500, ④ 5

17 ① 90, ② 2, ③ 75

18 ① 자궁근 섬유의 수축과 견축, ② 자궁벽 세포의 단백물질 자가분해, ③ 자궁내막의 재생,
   ④ 증가, ⑤ 6~7

19 ① 배꼽 아래, ② 배꼽 위, ③ 제와부 3cm 아래

20 ① 분만 시 혈액 손실, ② 수분의 혈관외 이동, ③ 이뇨현상

21 ① 흡인, ② 프로락틴, ③ 시상하부, ④ GnRH, ⑤ LH, ⑥ FSH

22 ① 강직성, ② 간격을 두고, ③ 방광 비우기, ④ 자궁저부 마사지

23 ① 뇌하수체 전엽, ② 유즙 생성, ③ 배란, ④ 시상하부, ⑤ 뇌하수체 후엽, ⑥ 자궁복구, ⑦ 유즙

24 ① 24, ② 10, ③ 38, ④ 2, ⑤ 39

25 ① 오로 배출, ② 고단백, ③ 고비타민

26 ① 황색포도상구균

2 개념 인출 학습

01 태위와 태세, 태향의 정의를 답하시오.

02 분만전구증상으로 아두가 골반강 내로 하강하면서 완화되는 증상과 증가하는 증상 각각 2가지를 답하시오.

03 양막파열의 기전을 답하고, 양막파열의 의미를 2가지 제시하시오.

04 자궁경부 개대기전 3가지를 답하시오.

05 분만 1기 개대기의 3단계(잠재기, 활동기, 이행기)의 개대정도, 소실정도, 수축강도, 빈도, 기간으로 나누어 답하시오.

06 분만 진행 시 내진을 하는 이유를 4가지 이상 제시하시오.

07 하강 station -3, 0, +3 각각의 의미를 답하시오.

08 태반박리징후 4가지를 제시하시오.

09 조기진통의 주요 진단기준 3가지를 제시하시오.

10 조기진통 시 자궁수축 억제제로 사용하는 리토드린의 주작용을 답하시오.

11 태아 만출 전 제대가 먼저 노출되었을 경우 제공해야 하는 중재를 답하시오.

12 태반 유착의 3종류의 명칭과 정의를 답하시오.

13 오로의 유형 3가지와 각각의 오로 특성에 대해 답하시오.

14 회음절개부위 사정 시 사용하는 REEDA 척도의 다섯가지 징후를 제시하시오.

15 조기이상의 효과 3가지를 답하시오.

16 자궁내번증의 원인을 3가지 제시하고, 증상을 3가지 제시하시오.

CHAPTER 04 가정폭력

영역	기출영역 분석
가정폭력	워커(L. Walker)의 폭력주기 2016, 2023

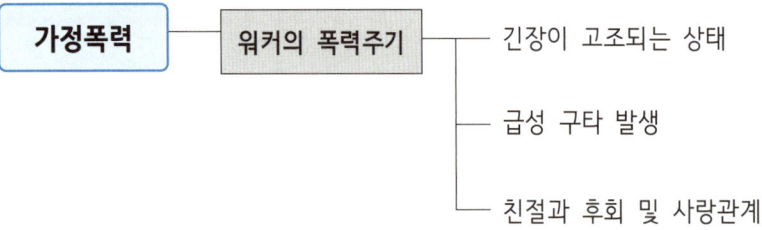을 활용한 학습요점 정리

- 가정폭력 — 워커의 폭력주기
  - 긴장이 고조되는 상태
  - 급성 구타 발생
  - 친절과 후회 및 사랑관계

01 노인학대 신고의무와 절차 등(노인복지법 제39조의6)에 따르면 누구든지 노인학대를 알게 된 때에는 (①) 또는 (②)에 신고할 수 있다.

01 ① 노인보호전문기관, ② 수사기관

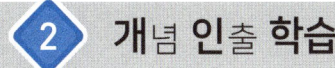

01 Walker의 가정폭력주기 3단계 명칭과 단계별 특징을 답하시오.

임수진
보건임용

PART 08

정신간호학

CHAPTER 01 정신건강관리의 기초

CHAPTER 02 아동기 정신건강간호

CHAPTER 03 청소년 정신건강간호

CHAPTER 01 정신건강관리의 기초

영역	기출영역 분석		
정신건강과 간호	정신역동		인격구조를 본능, 자아, 초자아로 나눈 학자 1996
			성격의 구조 : 이드가 추구하는 원칙의 명칭, 자아(ego)가 추구하는 현실의 원칙에서 현실의 명칭과 개념 2021
		방어기제	방어기제의 특징 2018
			거부, 감정 전이, 억압, 반동형성 1994
			보상, 전치, 대리형성, 고착 1995
			보상, 이동, 격리, 대리형성 1996
			억압, 억제, 투사, 반동형성, 함입, 상환, 전환, 해리 2011
			부정 2015
			퇴행 2016, 2022
			합리화 2018
			동일시 2024
	정신성적 발달이론		프로이트의 심리성적발달(항문기) : 배변훈련과 성격형성관계 2016
			어느 시기 억압 시 강박적 성격이 나타나는지 1996
	매슬로우의 욕구계층이론		둘째 아이를 출산 후 첫째 아이가 젖병을 달라고 요구하는 발달적 행동특성이 해당되는 매슬로우의 욕구단계이론의 단계 2007
	정신건강의 개념		마리야호다의 건강평가기준 2009
정신건강 사정	치료적 관계와 의사소통		치료적 관계
			페플라우의 대인관계 모델 : 치료적 인간관계 형성 4단계 2011
		치료적 의사소통 방법	효과적인 의사소통 방법과 비효과적인 의사소통 방법 2011, 2023
			반영의 명칭과 개념 2021
		의사소통모형	상호교류분석 모형(E. Berne)
	간호사정 내용	이상행동	신어조작증 / 생각의 비약 / 상동증 / 작화증 / 망상 / 착각 / 환각 / 거절증 1995, 2019
			작화증 / 실어증 / 기억과잉 / 기억착오 1996
			작화증 / 실행증 2010, 환각 / 환시 / 착각 2014, 2019, 피해망상 2015, 2017, 자책망상 2020
			환청/이인증 2025
			지리멸렬 2023
			언어압박(= 언어압출) 2021
			지남력 2010
			강박사고 / 강박행동 2023
		심리검사	MMPI : 반사회성 척도, 부인척도(= 허구척도, 허구성척도) 2021

정신약물 치료	뇌의 기능	뇌의 기능과 비정상적 증상
		마약복용 시 분비가 증가하는 신경전달물질 [2024]
		뇌 검사법과 관련 정신질환
	항정신성 약물	페노치아진 : 정신분열병(조현병)에서 가장 많이 투여하는 약물 [1996]
		할로페리돌 : 부작용 [2011]
		추체외로계 부작용 : 가성파킨슨병, 정좌불능증, 근긴장이상증 [2023]
	항우울제 [1996]	클로미프라민(clomipramine) 약리작용 [2024]
		MAO억제제(나르딜)의 부작용으로 발생할 수 있는 고혈압 위기와 관련된 주의사항 [2012, 2017]
		Fluoxetine(Prozac)의 약물기전과 작용부위 [2020]
	기분안정제	리튬
		항경련제 : 라모트리진(Lamotrigine) 일반명 [2021]
	항불안제 [1996]	알프라졸람 투여 중 임의 중단을 하면 안 되는 이유 [2018]
정신치료 요법	개인치료	지지정신치료
		통찰정신치료 / 정신분석치료과정 : 자유연상 명칭 [2021]
	집단치료	집단치료과정 : 활동단계의 반응 [2010]
		사이코드라마(정신심리극)
	가족치료	구조적 가족치료 적용 [2010, 2018]
		다세대 가족치료 : 삼각관계 / 자기분화 개념 [2014]
		경험적 가족치료 [2018]
		전략적 가족치료
		이야기 가족치료
		해결중심 가족치료 : 예외질문 [2010 - 보기]
	인지행동치료	인지치료 목적 [2024]
		세 범주별 프로그램 내용 [2011], 체계적 둔감법 / 사고중지 적용 [2015], 체계적 둔감법 명칭 [2025]
		정적 강화 [2020]
		자기감시법(사고와 감정감시) [2019, 2020], 형성법 [2020]
		노출 및 반응방지 [2025]
		모델링 [2022], 자기주장훈련 [2022]
		사회기술훈련 [2023], 인지적 재구성 [2023]
		반응대가 [2024]
		벡(A. Beck)의 인지치료관점 – 인지적 왜곡 [2016, 2019] 파국화, 선택적 추론 [2018]
		변증법적 행동치료 [2024]
		수용전념치료 [2025]
		앨리스의 합리적 정서행동치료 : ABCDE모형 적용 [2016]
학교와 지역사회 정신보건사업의 이해	위기	종류 [2012, 2023]
		단계 [1994]
		간호과정(중재 시 집단지도자 역할) [1993]
	정신건강 법적·윤리적 상황	정신건강증진 및 정신질환자 복지서비스 지원에 관한 법률 [2022]

CHAPTER 01. 정신건강관리의 기초 57

마이-맵을 활용한 학습요점 정리

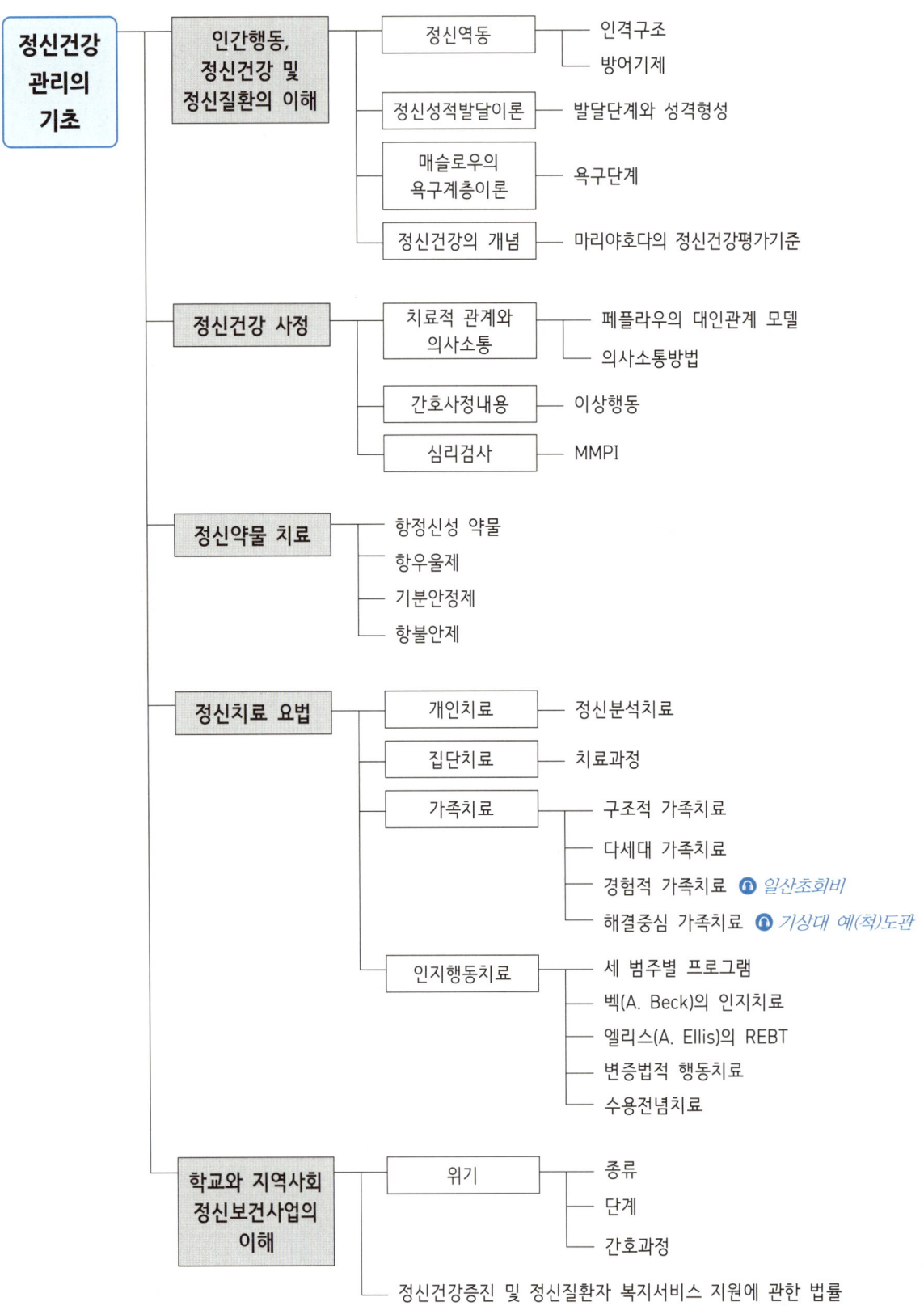

1 개념 정리 학습

01 무의식은 (①)차 사고과정의 지배, (②) 원칙을 따르며, 대부분의 이드와 초자아, 자아로 구성된다. 전의식은 의식 밖에 있으나 집중하면 의식화되는 반기억상태로 (③)차 사고과정을 지배하며, 자아와 초자아로 구성된다. 의식은 깨어있을 때만 작용하며 (③)차 사고과정을 지배하며, (④) 원칙에 따라 논리적, 합리적으로 행동한다.

02 본능(id)은 (①) 본능, (②) 본능, (③)의 본능으로 구성된다. 비언어적이고 비과학적인 (④)차적 사고과정에 의해 움직이며 (⑤) 원칙에 따라 즉각적 만족과 쾌락을 추구하고 불쾌감은 회피한다.

03 자아(ego)는 합리적, 논리적, 언어적, (①)차적 사고과정을 통해 기능 수행하며 (②) 원칙을 추구한다. 출생 시부터 필요한 만큼 존재하고 생후 (③)개월부터 발달하기 시작하여 부모와의 (④)에 의해 대체로 2~3세경 자아를 형성한다. 또한 (⑤)를 운용하여 마음의 불안을 처리한다.

04 방어기제는 (①)의 사회적으로 용납될 수 없는 욕구, 충동과 이에 대한 (②)의 압력 때문에 발생하는 불안으로부터 (③)를 (④)으로 보호하기 위한 기전이다.

05 (①)은 자신의 의지나 생각은 전혀 없는 것처럼 목적 없이 반복되는 행동이다.

06 (①)은 운동의 반복적인 유형을 말하며, 타인의 행동을 모방한 것일 수도 있다. 특별한 의미가 없는 행동을 무의식적 긴장이나 갈등을 해결하기 위한 방안이다.

07 망상은 (①)이다. (②)망상은 다른 사람이 자신이나 가족을 해치려고 하거나 감시한다고 생각하는 (②) 망상적 내용의 믿음이고, 자책망상은 (③)가 심하게 비판적일 때 자기징벌과 죄의식을 내용으로 하는 망상이다. (④)망상은 실제로 자신과 아무런 관계가 없는 주위에서 일어나는 일상적, 객관적 모든 일에 모두 자신과 관련이 있다고 믿는 망상이다.

08 (①)은 외부자극이 실제로 없음에도 마치 외부에서 자극이 있는 것 같이 느끼는 현상이다. (②)은 실제 외부자극을 잘못 인식하는 것이다.

09 작화증은 기억이 잘 나지 않는 부분을 (①)으로 상상이나 사실이 아닌 경험으로 채우는 것이다.

10 미네소타 다면적 인성검사(MMPI)는 정신상태의 정도를 객관적으로 파악하고 수량적으로 표시할 수 있으며 사회적, 정서적 적응과 관련된 (①)나 (②)의 특징을 측정하는 데 초점을 두고 있다.

11 마약을 복용하면 뇌의 보상 회로의 (①)에서 (②)이 분비된다. 마약 복용 시 평소보다 더 많은 (②)이 분비되어 더 강한 쾌감을 준다.

12 정형적 항정신병 약물 중 haloperidol은 (①)역가 약물로 흔한 부작용은 (②) 증상이다. chlorpromazine은 (③)역가 약물로 흔한 부작용은 (④) 증상이다.

13 클로자핀은 (①)의 위험 때문에 처음 6개월간 매주 (②)를 체크해야 한다.

14 삼환계 항우울제는 (①)에서 (②)과 (③)이 시냅스 (④) 세포로 재흡수되는 것을 차단함으로써 (①) 내 (②)과 (③)의 농도를 증가시킴으로써 항우울 효과를 나타낸다.

15 선택적 세로토닌 재흡수 차단제는 시냅스 (①) 신경세포에서 세로토닌의 재흡수를 선택적으로 차단하여 뇌에서 세로토닌의 신경전달물질을 증가시킴으로써 항우울 효과를 나타낸다. 세로토닌 증후군을 예방하기 위해서 (②)와 SSRI를 동시 투여하지 않는다.

16 단가아민 산화효소 억제제(MAOI)는 시냅스 (①) 신경세포에서 단가아민 산화효소(MAO)를 억제하여, 시냅스 전 신경세포에 단가아민 신경전달물질[(②), (③), (④)]을 농축시키고, 활동전위가 있을 때 더 많은 단가아민 신경전달물질을 분비하도록 한다.

17 단가아민 산화효소 억제제(MAOI)의 가장 심각한 부작용은 (①)이 대사되지 않고 혈관수축 및 혈압상승을 유발하여 발생하는 (②)로 (①) 함유 음식(오래된 치즈, 적포도주, 훈제, 칠갑상어 알젓, 절인 청어, 간장소스 등), 삼환계 항우울제 등과 같이 사용할 때 나타날 수 있다. 고혈압성 위기 발생 시 (③)(펜토라민 5mg/IV)를 투여한다.

18 리튬의 치료농도는 (①)mEq/L이고, 혈중 리튬 농도가 (②)mEq/L 이상에서 복통, 구토, 설사 등의 증상이 나타나기 시작한다.

19 리튬 치료 시작 전 (①)은 반복 확인해야 하고, 리튬 유지 요법 시 매년 (②)를 해야 한다.

20 벤조디아제핀계 약물 alprazolam, lorazepam은 (①)역가 약물로, 뇌의 (②) 수용체에 작용하여 (②)의 중추신경 억제 기능을 증대하여 항불안, 항경련, 근이완 효과를 나타낸다. 반감기가 짧아서 (③)이 유발되기 때문에 약물 중단 시 서서히 감량해야 한다.

21 벤조디아제핀계 약물 diazepam은 (①)역가 약물로, 반감기가 길어서 약물 중단 시 금단증상이나 반동성 불안이 없다.

22 집단치료에서 나타나는 치료적 요인 중 (①)는 자신도 타인을 돕는 입장임을 경험하고, 타인에게 의미 있는 존재로서의 가치 경험하는 것이다. (②)은 마치 한 가족과 같은 느낌을 갖게 되고, 경험에서 학습이 일어나는 것이다.

23 미누친의 구조적 가족치료의 치료 목표는 (①) 것이다. 여기서 가족구조는 (②)를 의미하고, 경계선은 가족 내의 구성원 간 또는 개인과 하위체계 간에 접촉과 개입을 허용하는 정도를 의미한다. 경계선은 (③) 상태, (④) 상태, (⑤) 상태가 있다.

24 보웬의 다세대 가족치료의 치료목표는 (①) 것이다.

25 사티어와 휘태커의 경험적 가족치료의 목표는 (①)을 높이고, 바람직한 (②)을 하도록 하는 것이다. 자아존중감의 3요소는 (③), (④), (⑤)이다.

26 드 세이저의 해결중심 가족치료의 변화를 위한 질문은 (①) 질문, (②) 질문, (③) 질문, (④) 질문, (⑤) 질문이 있다.

27 인지행동치료의 목적은 (①)가 왜곡되어 있는 경우 (①)에 대해 평가하고 합리적 사고로 수정함으로써 기분과 행동의 호전을 가져오도록 하는 것이다.

28 인지행동치료의 불안 완화 기법 중 (①)은 인체의 생리적 변화를 알려주는 전자장치를 활용해 자신의 생체신호(뇌파, 근전도, 체온 등)를 스스로에게 피드백해 줌으로써 자신의 생리상태 조절, 이완효과를 얻는 것이다.

29 인지행동치료의 불안 완화 기법 중 체계적 둔감법은 자극을 (①) 것에서 (②) 것으로 단계적으로 부여하여 자극에 의해 발생하는 불안 및 공포 등의 반응을 서서히 경감시키는 것이다. 구체적으로 (③) → (④) → (⑤) 단계로 진행한다.

30 인지행동치료의 새로운 행동학습 기법 중 사회기술 훈련은 학습할 새로운 행동에 대한 (①) → (②)와 (③)을 통한 새로운 행동학습 → 새로운 행동의 (④)과 (⑤) → 실생활에서 새로운 행동을 적용으로 진행된다.

31 인지행동치료의 인지적 재구조화 기법 중 (①)은 대상자로 하여금 자신의 행동과 태도, 감정, 사고 등을 관찰하거나 기록하게 하여 자동적 사고와 연관된 감정들을 식별하고 자동적 사고와 부적응적 감정 및 행동과의 관계를 깨닫기 시작하도록 도움을 주는 기법이다. 기록지에는 (②), (③), (④), (⑤), (⑥)를 작성한다.

32 「정신건강증진 및 정신질환자 복지서비스 지원에 관한 법률」 제41조 자의입원등에 의거하여 정신의료기관등의 장은 자의입원등을 한 사람에 대하여 입원등을 한 날부터 (①)개월마다 퇴원등을 할 의사가 있는지를 확인하여야 한다.

33 「정신건강증진 및 정신질환자 복지서비스 지원에 관한 법률」 제42조 동의입원등에 의거하여 정신질환자는 (①)의 동의를 받아 보건복지부령으로 정하는 입원등 신청서를 정신의료기관등의 장에게 제출함으로써 그 정신의료기관등에 입원등을 할 수 있다. 정신질환자가 (①)의 동의를 받지 아니하고 퇴원등을 신청한 경우에는 (②) 진단 결과 환자의 치료와 보호 필요성이 있다고 인정되는 경우에 한정하여 정신의료기관등의 장은 퇴원등의 신청을 받은 때부터 (③)시간까지 퇴원등을 거부할 수 있다.

34 「정신건강증진 및 정신질환자 복지서비스 지원에 관한 법률」 제43조 보호의무자에 의한 입원등에 의거하여 정신의료기관등의 장은 정신질환자의 보호의무자 (①)명 이상이 신청한 경우로서 정신건강의학과 전문의가 입원등이 필요하다고 진단한 경우에만 해당 정신질환자를 입원등을 시킬 수 있다.

35 「정신건강증진 및 정신질환자 복지서비스 지원에 관한 법률」 제44조 특별자치시장·특별자치도지사·시장·군수·구청장에 의한 입원에 의거하여 (①) 또는 (②)은 정신질환으로 자신의 건강 또는 안전이나 다른 사람에게 해를 끼칠 위험이 있다고 의심되는 사람을 발견하였을 때에는 특별자치시장·특별자치도지사·시장·군수·구청장에게 대통령령으로 정하는 바에 따라 그 사람에 대한 진단과 보호를 신청할 수 있다. (①)에게 의뢰하여 진단받은 후 (③)주 범위에서 기한을 정하여 입원하게 할 수 있다. 이 경우에 보호의무자에게 지체 없이 (④), (⑤)를 (⑥)으로 통지하여야 한다.

36 「정신건강증진 및 정신질환자 복지서비스 지원에 관한 법률」 제50조 응급입원에 의거하여 정신질환자로 추정되는 사람으로서 자신의 건강 또는 안전이나 다른 사람에게 해를 끼칠 위험이 큰 사람을 발견한 사람은 그 상황이 매우 급박하여 제41조부터 제44조까지의 규정에 따른 입원등을 시킬 시간적 여유가 없을 때에는 (①)와 (②)의 동의를 받아 정신의료기관에 그 사람에 대한 응급입원을 의뢰할 수 있다. 정신의료기관의 장은 제1항에 따라 응급입원이 의뢰된 사람을 (③) 이내의 기간 동안 응급입원을 시킬 수 있다.

01 ① 1, ② 쾌락, ③ 2, ④ 현실
02 ① 성적, ② 공격적, ③ 자기보존, ④ 1, ⑤ 쾌락
03 ① 2, ② 현실, ③ 4~6, ④ 동일시, ⑤ 방어기제
04 ① 이드, ② 초자아, ③ 자아, ④ 무의식적
05 ① 자동증
06 ① 상동증
07 ① 사실과 다른 불합리하고 잘못된 믿음이나 생각, ② 피해, ③ 초자아, ④ 관계
08 ① 환각, ② 착각
09 ① 무의식적
10 ① 정서장애, ② 정신과적 장애
11 ① 측좌핵, ② 도파민
12 ① 고, ② 추체외로, ③ 저, ④ 항콜린성
13 ① 무과립구증, ② 백혈구
14 ① 시냅스, ② 노르에피네프린, ③ 세로토닌, ④ 전
15 ① 전, ② MAOI
16 ① 전, ② 도파민, ③ 노르에피네프린, ④ 세로토닌
17 ① 티라민, ② 고혈압성 위기, ③ 알파차단제
18 ① 0.5~1.2, ② 1.5
19 ① 신장배설기능, ② 갑상선 기능검사
20 ① 고, ② GABA, ③ 금단증상
21 ① 저
22 ① 이타주의, ② 교정적 재경험
23 ① 역기능적 가족구조로 인해 생긴 증상을 감소시키고 문제를 해결하기 위해 가족구조를 변화시키는, ② 가족구성원들이 다른 구성원과 관계하는 방식을 조직화한 보이지 않는 기능적 요구, ③ 경직, ④ 명료, ⑤ 애매한
24 ① 탈삼각 관계 과정을 통해 통해 다세대에 걸친 삼각관계 속에 있는 개인을 해방시키는
25 ① 자아존중감, ② 일치형 의사소통, ③ 타인, ④ 상황, ⑤ 자기
26 ① 예외, ② 기적, ③ 척도, ④ 관계성, ⑤ 대처
27 ① 자동적 사고
28 ① 바이오 피드백
29 ① 약한, ② 강한, ③ 근육이완 반응 훈련, ④ 불안위계 작성, ⑤ 위계별 상황에 직면
30 ① 기술, ② 지도, ③ 시범, ④ 연습, ⑤ 피드백
31 ① 사고와 감정 감시법, ② 상황, ③ 감정, ④ 자동적 사고, ⑤ 합리적 반응, ⑥ 결과
32 ① 2
33 ① 보호의무자, ② 정신건강의학과전문의, ③ 72
34 ① 2
35 ① 정신건강의학과전문의, ② 정신건강전문요원, ③ 2, ④ 입원 사유, ⑤ 기간 및 장소, ⑥ 서면
36 ① 의사, ② 경찰관, ③ 3일(공휴일은 제외한다)

2 개념 인출 학습

01 프로이트의 불안 3가지를 제시하시오.

02 방어기제의 특징을 3가지 이상 제시하시오.

03 방어기제(부정, 전치, 반동형성, 투사, 해리, 승화, 억제, 고착, 퇴행, 동일시, 함입, 대리 형성, 상환, 격리, 전환, 취소) 각각의 정의를 답하시오.

04 페플라우의 치료적 인간관계 과정은 4단계를 답하시오.

05 프로이트의 정신성적 발달이론의 단계와 특징을 답하시오.

06 매슬로우의 욕구계층을 답하시오.

07 마리야호다의 정신건강평가기준을 답하시오.

08 치료적 관계의 장애요인인 저항, 전이, 역전이의 개념을 설명하시오.

09 치료적 의사소통 중 명료화하기, 반영, 초점 맞추기, 직면하기의 정의와 효과에 대해 답하시오.

10 비치료적 의사소통 중 일시적 안심, 비난, 거절, 지나친 이견, 도전, 상투적 반응, 주제 바꾸기의 정의와 대상자에게 미치는 영향에 대해 답하시오.

11 사고 과정 장애 중 사고의 비약, 지리멸렬, 보속증, 음송증의 정의를 답하시오.

12 미네소타 다면적 인성검사(MMPI)의 임상 척도와 타당도 척도의 구성요소를 답하시오.

13 도파민의 4가지 경로에 대해 답하시오.

14 추체외로계 부작용의 4가지 증상과 특징에 대해 답하시오.

15 비정형성 항정신병 약물인 clozapine, risperidone, olanzapine의 약리기전을 답하시오.

16 리튬의 작용기전을 답하시오.

17 발프로에이트와 라모트리진의 기전을 답하시오.

18 정신분석 치료기법 중 자유연상과 꿈의 분석 정의를 답하시오.

19 Yalom의 집단 발달단계를 답하시오.

20 E. Berne의 상호교류분석 모형의 교류 유형 3가지 명칭을 답하고, 설명하시오.

21 보웬의 다세대 가족치료의 주요개념인 자기분화와 삼각관계의 정의를 답하시오.

22 사티어와 휘태커의 경험적 가족치료의 의사소통 유형 5가지의 명칭과 자기, 상황, 타인 관점으로 나누어 설명하시오.

23 정적 / 부적 강화와 정적 / 부적 처벌의 의미를 답하시오.

24 인지적 왜곡 중 과잉일반화, 선택적 추론, 파국화, 독단적 추론의 정의를 각각 답하시오.

25 인지행동치료의 불안 완화 기법 중 노출 및 반응 방지법을 설명하시오.

26 앨리스의 합리적 정서행동치료에서 ABCDE 모형을 설명하시오.

27 성숙위기, 상황위기, 재난위기의 정의를 답하시오.

CHAPTER 02 아동기 정신건강간호

영역	기출영역 분석		
아동기 주요 정신장애 (신경발달 장애)에 대한 이해	지적(발달)장애	중증정신지체 설명 `2010`	
	특정 학습장애	읽기장애의 정의, 역학적 특성, 증상 `2011`	
	자폐스펙트럼장애	유아자폐증 증상 `1992`	
		레트장애/아스퍼거 장애 `2010 - 보기`	
	주의력결핍 과잉행동장애	메틸페니데이트 : 작용 및 부작용 `2010`	
		약물요법을 제외한 일반적 관리방법 5가지 `2003, 2013`	
		과잉행동 – 충동성 진단기준 6가지 `2008`	
		ADHD 환아 어머니의 대처방안 `2009`	
	운동장애	틱장애	설명 `1992`, 명칭 `2021`
		뚜렛장애	정의 `2010`, 명칭 `2021`
		cf) 습관장애의 종류 `1992`	
	주요 아동·청소년 정신장애의 치료약물		

마이-맵을 활용한 학습요점 정리

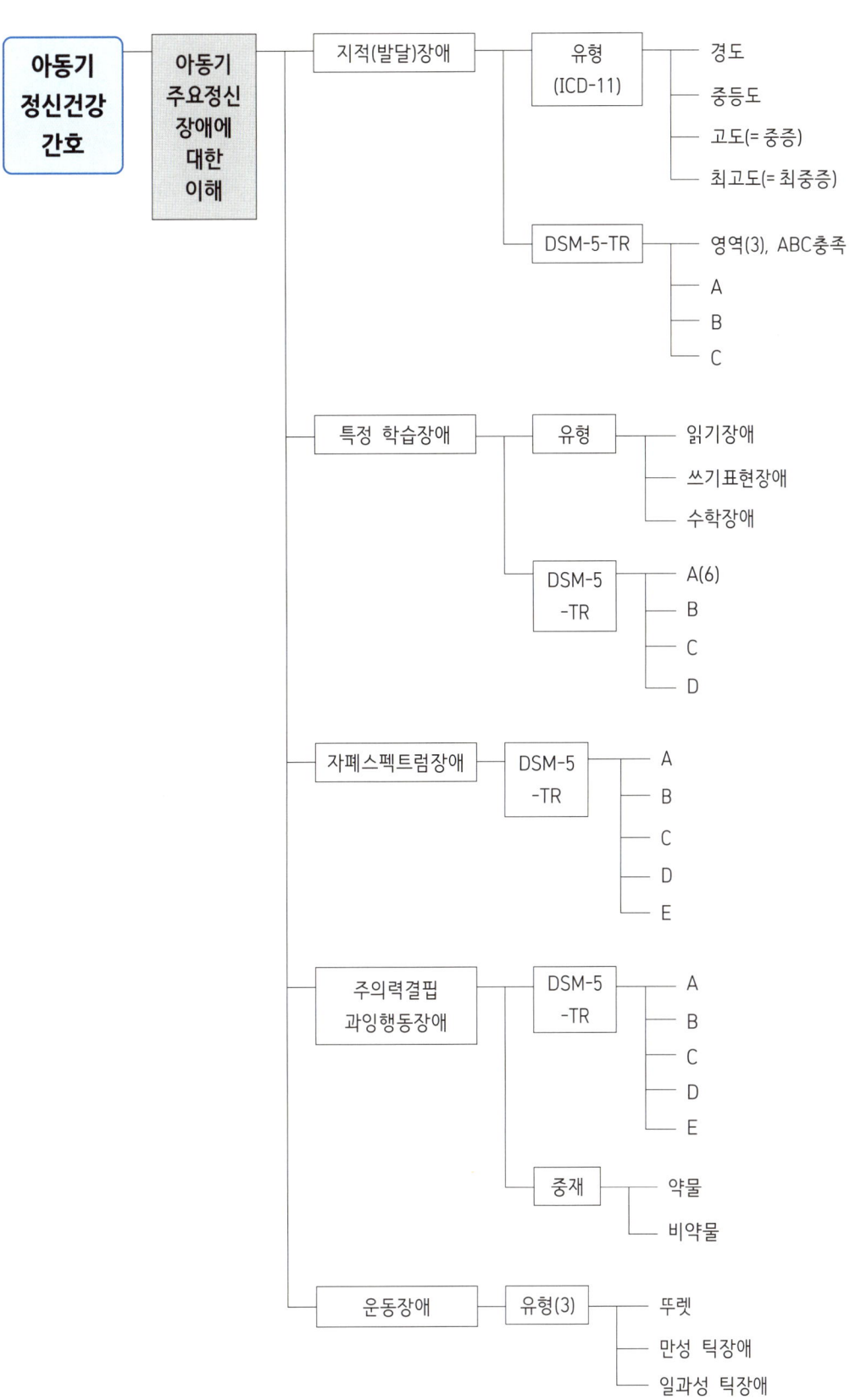

CHAPTER 02. 아동기 정신건강간호

1 개념 정리 학습

01 지적발달장애의 발병 시기는 (①) 동안에 시작되어 (②) 영역, (③) 영역, (④) 영역에서 (⑤)과 (⑥)의 결함을 보인다.

02 지적발달장애의 지적기능을 진단하는 방법은 (①)와 개별적으로 실시된 (②)이다.

03 특정학습장애는 학업 기술을 배우고 사용하는 데 있어서의 어려움이 있는 장애로, 이러한 어려움에 대한 (①)함에도 불구하고 증상 중 적어도 한 가지가 최소 (②) 이상 지속된다. 학습의 어려움은 (③)에 시작되나 해당 학습 기술을 요구하는 정도가 개인의 능력을 넘어서는 시기가 되어야 분명히 드러날 수도 있다.

04 자폐스펙트럼장애는 언어적·비언어적 (①), (②)의 질적인 결함, (③) 및 관심 범위의 제한을 주 증상으로 하는 발달성 장애이다.

05 주의력결핍 과잉행동장애는 (①) 이전 아동 초기에 발생하고 (②), (③), 충동성을 보이는 장애로, 그 경과가 만성적이며 가정, 학교, 사회 등 (④)가지 이상의 환경에서 존재한다.

06 메틸페니데이트는 주의력결핍 과잉행동장애 아동에게 사용하는 중추신경(①)이다. 이 약물은 시냅스에서 도파민의 농도를 (②)시키는 약리작용을 한다. 약물 투여 시 불면증을 예방하기 위해 (③)에 투여하고, (④)개월 내 효과가 없으면 치료중단한다.

07 뚜렛장애는 (①)세 이전에 발병하고 다수의 (②)과 한 가지 이상의 (③)이 질병 경과 중 일부 기간 동안 나타나며, 2가지 틱이 반드시 동시에 나타날 필요는 없다. 틱 증상은 빈도에 있어서 악화와 완화를 반복하지만 처음 틱이 나타난 시점으로부터 (④)년 이상 지속된다.

08 잠정적 틱장애는 (①)세 이전에 발병하고 한 가지 또는 다수의 (②)이 존재한다. 틱 증상은 처음 틱이 나타난 시점으로부터 (③)년 미만에 나타난다.

---

01 ① 발달 시기, ② 개념적, ③ 사회적, ④ 실행적, ⑤ 인지적 기능, ⑥ 적응 기능
02 ① 임상적 평가, ② 표준화된 지능검사
03 ① 적절한 개입을 제공, ② 6개월, ③ 학령기
04 ① 의사소통의 장애, ② 사회적 상호작용, ③ 상동적 행동
05 ① 12세, ② 주의산만, ③ 과잉행동, ④ 2
06 ① 자극제, ② 증가, ③ 낮, ④ 1
07 ① 18, ② 운동틱, ③ 음성틱, ④ 1
08 ① 18, ② 운동틱 또는 음성틱, ③ 1

2 개념 인출 학습

01 자폐스펙트럼장애 진단기준 A, B를 제시하시오.

02 틱의 악화요인을 답하시오.

03 주의력결핍 과잉행동장애 아동의 부모교육 내용을 2가지 이상 제시하시오.

04 주의력결핍 과잉행동장애 아동의 학교 지도 방안에 대해 2가지 제시하시오.

CHAPTER 03 청소년 정신건강간호

영역	기출영역 분석		
청소년기 주요 정신 장애에 대한 이해	불안장애	중증불안의 증상 / 관리법 [2012], 공황수준 / 중증불안 간호중재 [2010]	
		공황장애 설명 [2009], 공황장애 증상 [2018, 2025]	
		범불안장애 진단기준 [2011]	
		선택적 함구증 [2018]	
		분리불안장애(학교공포증)	
		사회적 불안장애 : 사회적 불안, 수행불안의 나타내는 대화의 문장 제시 [2021]	
		공포장애	
	외상 및 스트레스 관련 장애	외상후 스트레스장애	PTSD진단기준 주요 임상적 양상 : 재경험, 회피 [2016]
			간호중재 6가지 [2007, 2012]
			플래시백(flashback) 개념 [2023]
		급성 스트레스 장애	
		반응성 애착장애	
		탈억제성 사회적 유대감 장애	
	강박 관련 장애	강박장애	강박사고와 강박행동의 개념과 이들 간의 심리적 기전 [2015]
			강박행동 시 대응방법 및 그 이유 [2015, 2020]
			강박사고와 강박행동의 개념 [2020, 2024]
		발모광 [2014]	
		신체이형장애 [2025]	
		수집광, 피부뜯기 장애	
	파탄적, 충동조절 및 품행장애	품행장애 [1992, 2010]	
		적대적 반항장애의 정의 [2010, 2022]	
		간헐적 폭발장애 [2014]	
		병적방화(= 방화광), 병적도벽(= 절도광)	
	신체화 증상 관련 장애	신체증상장애	증상 명칭, 꾀병과의 차이점 [2025]
		전환장애	관련 방어기제(억압, 전환), 증상 특성 [2012, 2017]
			히스테리실신 : 증상 [1992], 응급조치 5가지 [2005]
		질병불안장애	히포콘드리성 신경증 설명 [1994]
			건강염려신경증 형성과 관련된 방어기제(전치와 퇴행) [1995]
			임상검사결과 확인 이유 [2020]
			대상자에게 다른 활동의 참여가 필요한 이유 [2020]
		인위성장애	
	해리성 장애	해리성 정체성 장애(다중인격)	
		해리성 기억상실	
		이인증 / 비현실감 장애	

청소년기 주요 정신장애에 대한 이해	조현병 스펙트럼 장애	유형 `1995`	
		음성증상 `2012`	
		증상 및 망상의 간호중재 `2017`	
		기타 조현병 스펙트럼 장애	
	우울장애	슬픔과정 5단계 – 엘리자베스 퀴블러로스의 인간의 죽음 수용단계 `1995`	
		학습된 무력감 개념 `2023`	
		DSM-5에서 주요 우울장애 증상 `2016`	
		파괴적 기분조절부전장애 `2018`	
		중재법	경두개 자기자극법 치료효과 `2020`
			우울증상을 해결 위한 가족적 접근 외 할 수 있는 간호중재 4가지 `2002`
			나르딜(MAOI) 투약 시 발효음식을 먹지 말아야 하는 이유, 먹는 경우 나타날 수 있는 증상 `2012, 2017`, 플루옥세틴 약물기전과 작용기전이 이루어지는 부위 `2020`
	양극성 장애	양극성 장애 제Ⅰ형 증상 `2010`	
		제Ⅱ형 양극성 장애가 제Ⅰ형 양극성 장애에 비해 진단이 늦어지는 이유와 그로 인해 발생할 수 있는 가장 심각한 위험 `2021`	
		1차 선택 약물 중 저조한 기분에 작용하며 정기적인 혈중농도 확인이 필요하지 않은 항경련제의 일반명 `2021`	
	인격장애	인격장애 유형 `1994, 2012`	
	섭식장애	신경성 식욕부진증	진단명 `2017, 2020`
			신체적 증상 5가지 `2005, 2011`
			대상자 간호중재 4가지 `2005`
		신경성 폭식증	진단명 `2020`, 진단기준 5가지 `2006`
			신경성 폭식증 증상 `2011`
청소년기 정신장애 특징과 중재전략		폭력잠재성 위험을 해결하기 위해 적용할 수 있는 간호 `2012`	
	자살	자살예고 행동단서 / 자살위험 정도 사정 시 포함해야 할 내용 5가지 `1999, 2019`	
		뒤르켐의 자살유형 `2019`	
		청소년 자살심리 `2008`	
		자살원인 및 징후 `2012`	
		자살위험도 사정하기 위한 질문 `2009`	
		자살위험증상과 자살예방 간호계획 `2010`	

마이-맵을 활용한 학습요점 정리

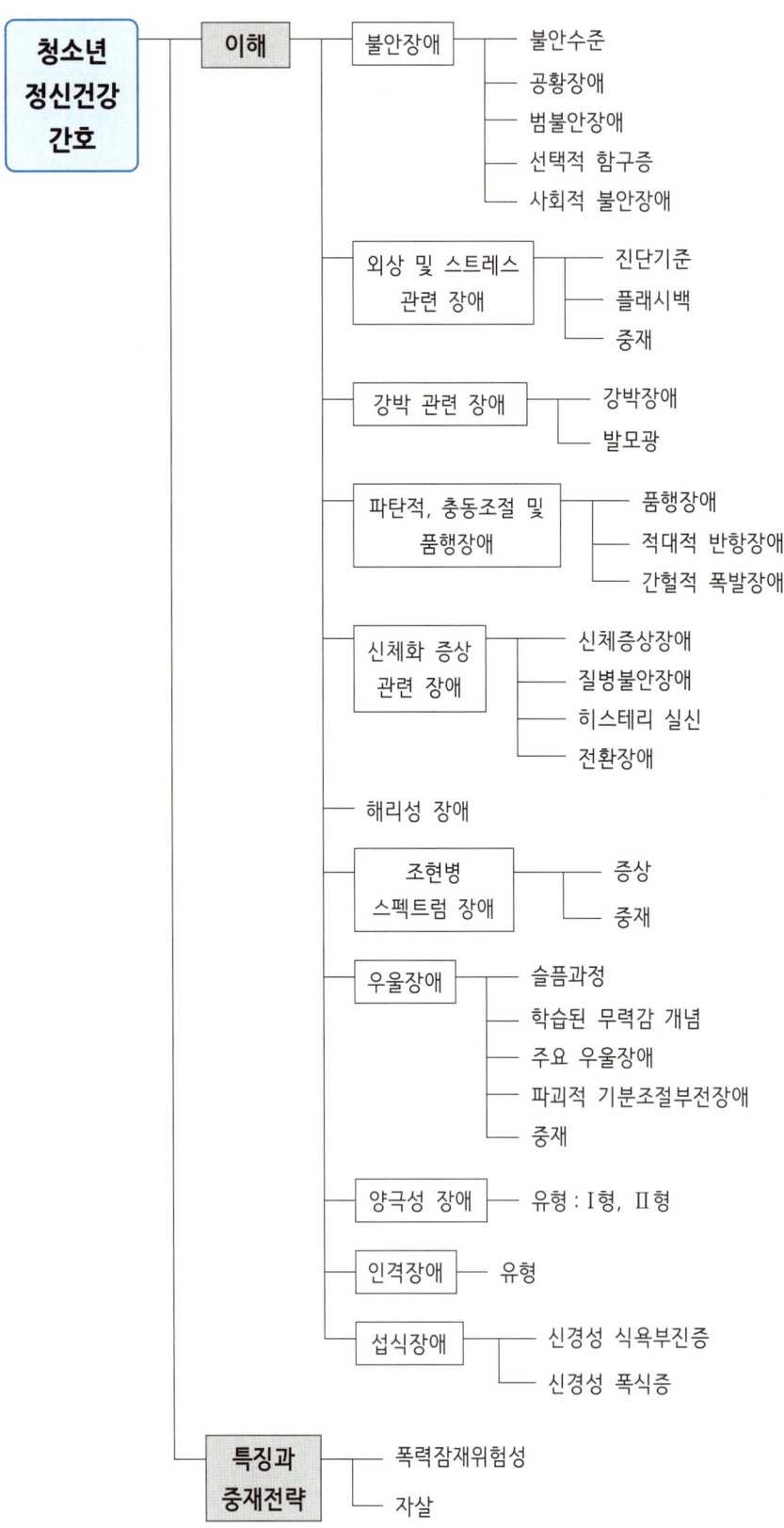

1 개념 정리 학습

01 범불안장애는 만성적이며 광범위하고 지속적인 불안을 느끼는 장애로 (①)개월이나 그 이상 지속된다.

02 (①)은 공황발작을 경험한 후에는 다음에 올 공황발작에 대해 지속적으로 염려하는 것이다.

03 공황발작은 (①) 시작되어 10분 이내에 급속하게 최고조에 달하는 극심한 불안과 공포를 의미한다. 증상은 자기통제가 (②)하고 한시적으로 시간이 지나면 (③)된다.

04 외상후 스트레스장애의 주요 행동특성은 (①), (②), (③), (④)이다.

05 외상후 스트레스장애는 장해 기간이 (①)개월 이상이고, 급성 스트레스 장애의 장해 기간은 (②)까지이다.

06 (①)는 성인 보호자에 대한 억제되고 감정적으로 위축된 행동특성을 보인다. 진단은 (②)세 이전에 시작된 것이 명백하고, 진단은 아동의 발달연령이 최소 (③)개월 이상이어야 한다.

07 (①)는 아동이 낯선 성인들에게 능동적으로 접근하여 상호작용하는 행동패턴을 보인다. 진단은 아동의 발달연령이 최소 (②)개월 이상이어야 한다.

08 (①)는 다른 사람의 기본적 권리를 침해하고 연령에 적절한 사회적 규범 및 규칙을 위반하는 지속적이고 반복적인 행동 양상으로, 지난 (②)개월 동안 15개 기준 중 적어도 (③)개 이상에 해당되고, 지난 (④)개월 동안 적어도 (⑤)개 이상의 기준에 해당한다.

09 적대적 반항장애는 (①) 행동, (②) 행동, (③) 행동이 주요증상이나 사회적 규범을 위반하거나 타인의 권리를 침해하는 공격적 행동을 보이는 경우는 드물다. 분노/과민한 기분, 논쟁적/반항적 행동 또는 보복적 양상이 적어도 (④)개월 이상 지속된다.

10 (①)는 공격충동을 억제하지 못하고 기물을 파손하거나 폭력을 행사하고, 자신의 충동적 행동에 대한 (②)를 가지고 있다. 진단 시 (③)세 이상의 발달단계 수준의 생활연령이어야 한다.

11 간헐성 폭발장애 진단기준 A는 재산의 손상이나 신체적 손상을 초래하지 않는 정도의 언어적 공격성 또는 신체적 공격성이 (①)개월 동안 평균적으로 (②) 이상 발생하거나, 재산의 손상이나 파괴를 초래하는 행동 폭발, 동물이나 다른 사람에게 신체적 손상을 초래하는 신체적 폭행이 (③)개월 이내에 (④)회 이상이 있어야 한다는 것이다.

12 (①)의 증상은 무의식수준에서 일어나는 반면, 꾀병은 의식수준에서 의도적으로 신체증상을 만들어내는 것이 차이점이다.

13 질병불안장애의 관련 방어기제는 (①), (②), 억압, 상환이다.

14 질병불안장애를 진단할 경우 질병에 대한 집착이 적어도 (①)개월 이상 지속되었는지 확인한다. 질병불안장애는 (②)형, (③)형 2가지 유형이 있다.

15 (①)은 뇌의 기질적 손상 없이 기억에 저장되었던 개인적인 중요한 사항에 대한 기억회상능력이 급작스럽게 변화된 상태이다.

16 조현병 진단기준 A는 1) (①), 2) (②), 3) (③), 4) (④), 5) (⑤) 중 2가지(혹은 그 이상)가 1개월의 기간 동안의 상당 부분의 시간에 존재하고, 이들 중 최소한 하나는 1) 내지 2) 혹은 3)이어야 한다는 것이다. 조현병 진단기준 C는 장해의 지속적 징후가 최소 (⑥)개월 동안 계속된다는 것이다.

17 조현병 주요 기본증상은 (①), (②), (③), (④)이다.

18 인간의 죽음 수용단계는 (①) → (②) → (③) → (④) → (⑤)이다.

19 벡의 인지삼제에 의하면 우울증에 잘 걸리는 사람은 (①), (②), (③)에 대한 인지왜곡을 지니고 있다고 하였다.

20 주요우울장애는 진단기준 A의 증상 중 1) 우울 기분이거나 2) 흥미나 즐거움의 상실 중 적어도 하나를 포함하여 5가지 이상이 (①)주 동안 지속된다.

21 지속적 우울장애는 적어도 (①)년 동안 주관적 설명이나 타인에 의한 관찰에서 나타나듯이, 하루의 대부분 우울 기분이 있고, 우울 기분이 없는 날보다 있는 날이 더 많다.

22 파괴적 기분조절부전장애는 심각한 반복성 (①)이 (②) 그리고/또는 (③)으로 나타나며, 상황이나 도발 자극에 비해 강도나 기간이 극도로 지나치다. 또한 (①)이 발달수준에 부합하지 않으며 (①)이 평균적으로 일주일에 (④)회 이상 발생한다. 진단기준 A~D가 (⑤)개월 이상 존재하고, 모든 증상이 없는 기간이 연속 (④)개월 이상 되지 않는다. 파괴적 기분조절부전장애는 (⑥)세에 처음 진단 가능하다.

23 제Ⅰ형 양극성 장애는 적어도 1회의 (①) 삽화를 만족하고, 경조증이나 주요우울삽화에 선행하거나 뒤따를 수 있다.

24 제Ⅱ형 양극성 장애는 적어도 1회의 (①) 삽화와 적어도 1회의 (②) 삽화가 나타나고, (③) 삽화는 1회도 없어야 한다.

25 반사회성 성격장애는 (①)세 이전에 품행장애가 시작된 증거가 있고, 최소 (②)세 이상이어야 진단한다.

26 (①)은 심각한 저체중을 유지하도록 에너지 섭취를 지속적으로 제한한다. 또한 현재의 저체중에 대한 심각성 인식의 지속적 결여가 있다.

27 (①)은 체형과 체중이 자기평가에 과도하게 영향을 미치고, 체중이 증가하는 것을 막기 위한 반복적이고 부적절한 보상 행동을 한다. 폭식과 부적절한 보상 행동이 둘 다, 평균적으로 적어도 3개월 동안 일주일에 1회 이상 일어난다.

28 폭식삽화는 일정 시간 동안 대부분의 사람이 유사한 상황에서 동일한 시간 동안 먹는 것보다 (①)의 음식을 먹고, 삽화 중에 먹는 것에 대한 (②)을 느끼는 것이다.

29 뒤르켐이 제시한 자살 유형은 (①), (②), (③)이 있다.

01 ① 6

02 ① 예기 불안

03 ① 명백한 이유 없이 갑작스럽게, ② 불가능, ③ 완화

04 ① 재경험, ② 회피, ③ 부정적 인지와 감정상태, ④ 각성과 반응의 변화

05 ① 1, ② 3일에서 1개월

06 ① 반응성 애착장애, ② 5, ③ 9

07 ① 탈억제성 사회적 유대감 장애, ② 9

08 ① 품행장애, ② 12, ③ 3, ④ 6, ⑤ 1

09 ① 거부적, ② 적대적, ③ 반항적, ④ 6

10 ① 간헐성 폭발장애, ② 자책감·후회, ③ 6

11 ① 3, ② 일주일에 2회, ③ 12, ④ 3

12 ① 신체증상장애

13 ① 전치, ② 퇴행

14 ① 6, ② 진료추구, ③ 진료회피

15 ① 해리성 기억상실

16 ① 망상, ② 환각, ③ 와해된 언어, ④ 극도로 와해된 또는 긴장성 행동, ⑤ 음성 증상, ⑥ 6

17 ① 자폐증, ② 사고연상의 이완, ③ 무감동, ④ 양가감정

18 ① 부정, ② 분노, ③ 협상, ④ 우울, ⑤ 수용

19 ① 자신, ② 세상, ③ 미래

20 ① 2

21 ① 2

22 ① 분노폭발, ② 언어, ③ 행동, ④ 3, ⑤ 12, ⑥ 6~18

23 ① 조증

24 ① 경조증, ② 주요우울, ③ 조증

25 ① 15, ② 18

26 ① 신경성 식욕부진증

27 ① 신경성 폭식증

28 ① 분명하게 많은 양, ② 조절 능력의 상실감

29 ① 이기형 자살, ② 이타형 자살, ③ 아노미형 자살

2 개념 인출 학습

01 불안과 공포의 정의를 답하시오.

02 공황발작의 진단기준 증상 13가지를 제시하시오.

03 공황장애의 위험요인을 답하시오.

04 사회적 불안과 수행 불안의 정의를 답하시오.

05 강박사고와 강박행동의 정의를 답하시오.

06 품행장애의 15개 기준을 제시하시오.

07 적대적 반항장애의 분노/과민한 기분, 논쟁적/반항적 행동 또는 보복적 양상 8가지를 제시하시오.

08 전환장애의 1차적 이득, 2차적 이득, 만족스런 무관심의 정의를 답하시오.

09 질병불안장애 환자에게 객관적 검사 여부를 확인하는 이유를 답하시오.

10 이인증과 비현실감의 정의를 답하시오.

11 조현병의 양성증상과 음성증상의 정의를 답하고 증상을 2가지씩 제시하시오.

12 조현병 환자의 망상 관리 방법을 답하시오.

13 조증 삽화의 진단기준 A와 B를 제시하시오.

14 제Ⅱ형 양극성 장애에서 자살 위험이 높은 이유를 답하시오.

15 성격장애 A군에 속하는 유형과 그 특징을 답하시오.

16 성격장애 B군에 속하는 유형과 그 특징을 답하시오.

17 성격장애 C군에 속하는 유형과 그 특징을 답하시오.

18 신경성 식욕부진증의 신체적 증상을 5가지 이상 제시하시오.

19 신경성 식욕부진증의 유형 2가지를 답하시오.

20 신경성 폭식증의 신체적 증상을 5가지 이상 제시하시오.

21 섭식장애 환자의 간호 중재 방안을 3가지 이상 제시하시오.

22 자살과 비자살성 자해장애의 정의를 답하시오.

저 자
임수진

경희대학교 간호학 박사
경희대학교 보건학 석사
경희대학교 간호학 학사

현   G스쿨 보건교수
     경희대학교 교육대학원 출강

전   경희대학교 간호학과 겸임교수
     삼육대학교 간호학과 겸임교수
     윌비스 임용고시학원 보건교수
     희소고시학원 보건교수

저서   임수진 보건임용 이론서(1~4권)
      임수진 보건임용 기본이론 복습노트(1~4권)
      임수진 보건임용 기출분석 완전학습(1, 2권)
      임수진 보건임용 임수진 마이맵
      임수진 보건임용 쏙쏙 암기노트(e-book)
      임수진 보건임용 DSM-5-TR
      임수진 전공보건 1~4(이론서+기출응용편)
      임수진 전공보건 암기카드
      임수진 전공보건 단권화 노트 기출분석편(1, 2권)
      임수진 전공보건 단권화 노트 기출응용편(1, 2권)

임수진 **보건임용**
기본이론 복**습노트** [4]

인 쇄	2025년 3월 12일
발 행	2025년 3월 19일
편저자	임수진
발행자	윤록준
발행처	BTB
등 록	제2017-000090호
주 소	서울 동작구 보라매로 19길 8
전 화	070-7766-1070
팩 스	0502-797-1070
가 격	8,000원
ISBN	979-11-94690-02-3 13510

ⓒ 임수진, 2025
- 낙장이나 파본은 교환해 드립니다.
- 이 책의 무단전재 또는 복제행위는 저작권법 제136조에 의거하여 처벌을 받게 됩니다.